INDICE

INTRODUCCIÒN 4

LECCION 1. PRELIMINARES DE LA MELODIA ... 5
    LA ORIENTACION EN EL TECLADO 5
    DIVISION DEL TECLADO POR LA OCTAVA 6
    LOS NOMBRES DE LAS NOTAS 7
    LA ESCRITURA DE LOS SONIDOS 8

LECCION 2. INICIACION EN EL RITMO 14
    EL RITMO MUSICAL 14
    LOS VALORES DE LAS NOTAS 15

LECCION 3. PRIMERAS NOCIONES DE ARMONIZACION 20
    LA ARMONIA 20
    EL ACORDE MAYOR 21
    LOS 3 ACORDES BASICOS 23

LECCION 4. LOS PRINCIPIOS DE LA TONALIDAD 27
    LAS SERIES CROMATICA Y DIATONICA..................................... 27
    LOS GRADOS DE LA TONALIDAD 29
    LA PROGRESION DE LOS ACORDES 30

LECCION 5. EL BAJO SIMPLE (I) 33
    EL SIGNO DEL SOSTENIDO (#) 34
    EL OCTAVO 35
    EL COMPAS DE 3/4 36
    EL PUNTO 38

LECCION 6. EL BAJO SIMPLE (II) 42
    BAJO SIMPLE CON NOTA GRAVE 42
    EL SIGNO DEL BEMOL (b) 44

LECCION 7. EL USO DEL PEDAL 48
    EL BAJO SIMPLE EN EL COMPAS DE 4/4 48
    EL PEDAL 49

LECCION 8. NUEVOS RECURSOS DE ARMONIZACION ... 55
    INCREMENTO DE LAS ARMONIAS 55
    EL ACORDE MENOR 55
    RESUMEN DE ACORDES MAYORES Y MENORES 57

LECCION 9. LA TONALIDAD MENOR 63
    LOS MODOS MAYOR Y MENOR 63
    LOS TRES ACORDES BASICOS DEL MODO MENOR ... 65
    EL SIGNO DEL BECUADRO 65
    EL ACORDE DE SEPTIMA 66

LECCION 10. RECONSTRUCCION DEL BAJO SIMPLE 72
    LAS INVERSIONES DE LOS ACORDES 72
    EL BAJO SIMPLE ALTERNO 74
    POSICIONES DE LOS ACORDES EN LOS 77
    ACOMPAÑAMIENTOS DE BAJO SIMPLE 77

LECCION 11. EL ENRIQUECIMIENTO DE LA MELODIA 78
    LOS NUMEROS DE LA DIGITACION 78
    EL REFUERZO DE LAS OCTAVAS 78

MELODIA CON EJECUCION DIGITAL 82

LECCION 12. EL BAJO QUEBRADO (I) 86
　　　CONSTRUCCION DE LOS BAJOS QUEBRADOS 86
　　　MEDIDA RITMICA DEL BAJO QUEBRADO 88

LECCION 13. EL BAJO QUEBRADO (II) 93
　　　LAS BASES DEL ARREGLO 93
　　　EL ACORDE DISMINUIDO 94
　　　EL BAJO QUEBRADO EN EL COMPAS DE 4/4 96

LECCION 14. ESTRUCTURA DE LOS ACORDES 101
　　　LOS ACORDES DE SEPTIMA 101
　　　ACORDE DE SEPTIMA MENOR 102
　　　ACORDE SENSIBLE 103

LECCION 15. ARMONIAS TRADICIONAL Y MODERNA 107
　　　SINTESIS ARMONICA 107
　　　EL ACORDE DE SEXTA 107
　　　VARIANTES DEL ACORDE DOMINANTE 108
　　　DEDUCCION DE LAS ARMONIAS 108

SOPORTE TECNICO 116

CURSO DE PIANO BASICO MODERNO

Este es un curso práctico para todos aquellos que deseen empezar a tocar el piano de una manera sencilla, moderna y muy creativa. La originalidad del curso permite al estudiante no solo aprender el piano en muy corto tiempo sino también descubrir su creatividad musical. Enseña desde las primeras lecciones a leer melodías y construir acompañamientos de un modo práctico y fácil.

El alumno aprenderá paso a paso desde como colocar las manos en el piano y en pocas lecciones podrá empezar a tocar y utilizar su potencial musical.

El curso de PIANO BASICO MODERNO ha sido desarrollado para facilitar el aprendizaje del piano en un contexto moderno. No utiliza ningún método convencional de enseñanza adentrándose en la técnica moderna y creativa del instrumento. El alumno aprenderá a reconocer los acordes de cualquier partitura y a arreglar piezas en el piano, ya sean melodías originales o del repertorio internacional. Al finalizar el curso el estudiante estará preparado para continuar y profundizar sus estudios con métodos más avanzados o simplemente podrá disfrutar tocar en el piano sus piezas preferidas de una manera sencilla y creativa.

www.armoniatonalmoderna.com

LECCION Nº 1

PRELIMINARES DE LA MELODIA

"La melodía es el verdadero encanto de la música"
Haydn.

I. LA ORIENTACION EN EL TECLADO.

Empezaremos por establecer un lenguaje apropiado para referirnos al teclado de nuestro instrumento. Un piano moderno consta de 88 teclas –52 blancas y 36 negras– que producen 88 sonidos diferentes, es decir, 88 notas musicales. Si estas notas se tocan sucesivamente de izquierda a derecha comenzando por la primera situada en el extremo izquierdo del piano, hasta la última en el extremo derecho, se oirá cómo los sonidos se van diferenciando gradualmente unos de otros como si cambiaran poco a poco de *color*, pasando de los matices obscuros a los claros y brillantes. Esta es la cualidad que se conoce como "altura" de un sonido y de acuerdo con la cual está ordenada toda la serie. La altura de los sonidos es la que nos permite distinguir unos de otros como **graves** o **agudos** (como bajos o altos respectivamente).

Siéntese frente al piano en la posición más cercana al centro que le sea posible y coloque sus manos sobre el teclado enfrente de usted, descansando una junto a la otra sobre las teclas. En esta posición, el espacio cubierto por sus manos representa aproximadamente un sector del teclado que se conoce como **región central**, en donde los sonidos no son ni demasiado graves ni demasiado agudos. Deslice ahora su mano izquierda sobre el teclado, moviéndola hacia la izquierda hasta alcanzar la primera nota que se encuentra en el extremo izquierdo del piano. Al hacerlo, habrá realizado con la mano un *movimiento descendente*, cubriendo un espacio del teclado que denominamos **región grave**, en donde los sonidos se van haciendo cada vez más y más bajos. Ahora realice una operación similar con la mano derecha desplazándola hacia el extremo derecho. En este caso, el movimiento ejecutado es un *movimiento ascendente* y el espacio descrito la **región aguda** del teclado, en donde los sonidos progresivamente suben haciéndose cada vez más finos y brillantes.

En general, todo desplazamiento que usted realice con cualquiera de ambas manos hacia la derecha del teclado será siempre un movimiento ascendente, siendo descendente en el sentido contrario.

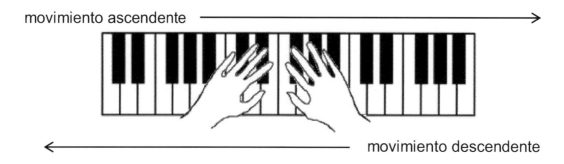

II, DIVISION DEL TECLADO POR LA OCTAVA.

Un examen más atento del teclado muestra que este se encuentra arreglado simétricamente y que las notas negras, por ejemplo, se repiten alternativamente en grupos de dos y de tres. Tomemos como base de este ordenamiento el siguiente esquema que podrá localizar en el piano más o menos enfrente de usted. Está compuesto de 7 teclas blancas y 5 negras –12 en total – y representa un sector del teclado que se repite una y otra vez a lo largo del piano:

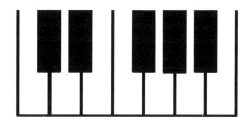

Esta distribución no es arbitraria sino que obedece a un principio natural que se conoce con el nombre de **octava.** La octava es un *intervalo*, es decir, un espacio que delimita la distancia entre dos notas del teclado cada vez que han ocurrido entre ellas, sucesivamente, 12 notas diferentes (blancas y negras).

Para que pueda comprender prácticamente este importante principio de la octava, toque con el dedo índice de su mano izquierda la primera tecla blanca, marcada con el número 1, que se ilustra en la figura siguiente:

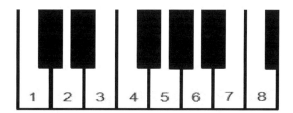

Luego, simultáneamente con esta nota y empleando el dedo índice de su mano derecha, toque la tecla blanca contigua que lleva el número 2, procurando que al hacerlo suenen juntas. Repita el mismo procedimiento con las teclas blancas que siguen manteniendo la primera nota en su sitio hasta alcanzar la tecla marcada con el número 8.

Usted habrá notado que a medida que el intervalo va creciendo y la nota superior es más aguda, son diferentes las combinaciones sonoras que se producen, pero que al llegar a la nota marcada con el número 8, los dos sonidos se igualan como si se fusionaran en uno solo, pareciendo este último como una repetición del primero pero con un matiz más brillante. En esto consiste el fenómeno acústico de la octava. La validez de este principio es universal y se aplica a cualquier sistema musical de cualquier cultura. La identidad de las octavas tiene por explicación física el hecho de que el número de vibraciones del sonido superior (de la cuerda del piano en este caso) es siempre el doble del primero. El sonido que nos ha permitido obtener la octava –el último de la combinación–, es a su vez el primero de una nueva repetición del esquema. Si ahora duplicamos cualquiera de las notas del primer esquema con su correspondiente nota en el segundo, seguiremos obteniendo el mismo resultado de identidad con cada par.

El uso práctico de este principio va a comenzar en esta misma lección, pero antes, será necesario completar nuestros conocimientos con el nombre y escritura de los sonidos musicales.

III. LOS NOMBRES DE LAS NOTAS.

Empezaremos por distinguir el nombre de las notas blancas del teclado, que son las que primero vamos a utilizar. Como lo muestra el esquema básico, hay solamente 7 notas blancas diferentes que se repiten una y otra vez a lo largo del teclado. Son las notas comprendidas en el intervalo de una octava. La primera de ellas recibe el nombre de DO y se encuentra siempre al comienzo de cada grupo doble de negras. La nota do del esquema situado directamente enfrente de usted, en la región central, es una nota que habrá de servirnos de referencia y la distinguiremos como **do central**:

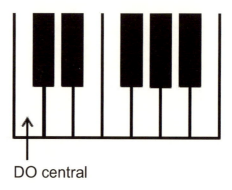

DO central

Naturalmente, en la extensión completa del teclado es posible localizar hasta 8 notas do diferentes, cada una situada frente a cada grupo doble de negras-

Las notas blancas que siguen a continuación de este primer do reciben sucesivamente los nombres convencionales de RE, MI, FA, SOL, LA y SI:

Conviene que usted aprenda a distinguirlas con toda exactitud en cualquiera de las regiones del teclado y tan independientemente entre sí como sea posible. Alcanzará fácilmente ese resultado si realiza la práctica siguiente:

1) Toque sucesivamente, nombrándolas en voz alta, todas las teclas blancas del piano, empezando con el primer do en el extremo izquierdo del teclado (la tercera tecla blanca) hasta llegar a la última nota de la región aguda.

2) Toque alternativamente, de nuevo nombrándolas en voz alta, todas las notas do del teclado, comenzando con la primera nota do de la región grave. Repita el procedimiento con la nota siguiente re y así sucesivamente con todas las demás.

3) Si la práctica anterior se ha realizado bien, podrá ahora reconocer el nombre de cualquier nota blanca tocada indistintamente al azar, sin usar el do como referencia.

IV. LA ESCRITURA DE LOS SONIDOS.

Bastarán unos cuantos elementos de escritura musical para que usted pueda reproducir sin dificultad un ilimitado número de melodías.

El medio empleado para escribir sonidos musicales es un sistema de cinco líneas paralelas trazadas horizontalmente conocido como **pentagrama musical**. El que se ilustra a continuación es denominado *pentagrama de la clave de sol* –por el signo que lleva al principio–, y será precisamente el que utilizaremos en nuestras lecciones:

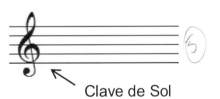

Clave de Sol

Las notas musicales se escriben en el pentagrama en forma de pequeños círculos, usando las líneas y los espacios entre ellas. Vea en la siguiente figura el lugar que ocupa cada nota en el pentagrama de sol y su equivalente en el teclado, partiendo del do central hasta su octava superior:

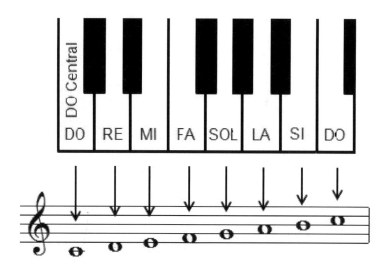

Note que el primer do –o sea el do central–, se ha colocado fuera del pentagrama con ayuda de una pequeña línea adicional. Observe también que la disposición de las notas en el pentagrama, la cual sigue un orden ascendente, corresponde asimismo al movimiento ascendente –de izquierda derecha– de las teclas en le piano. La dirección es ascendente cuando se pasa de una nota a otra escrita más arriba; la mano ejecuta en el teclado un movimiento hacia la derecha. En el caso contrario, la dirección es descendente y el desplazamiento de la mano es hacia la izquierda:

Desplazamiento ascendente:

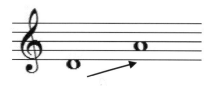
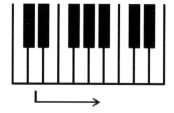

Desplazamiento descendente:

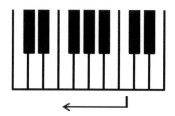

V. EJERCICIOS.

Los pentagramas musicales que se encuentran numerados al final de esta lección, representan una serie de ejercicios que deberá practicar antes de pasar a la lección siguiente. Tienen el propósito de ayudarle en la lectura y ejecución de sus primeras notas en el piano. Estos ejercicios son para la mano derecha y deberán practicarse en forma de octavas, como se explica a continuación. Tomemos como ejemplo el ejercicio Nº 1. La primera nota escrita en el pentagrama es un do, precisamente el do central. Ahora, en vez de tocar esta nota sola, tal como viene escrita, vamos a *duplicarla*, o sea a tocarla conjuntamente con su octava superior. Para hacerlo, coloque su dedo pulgar en el do central al que se refiere la nota del pentagrama y extienda su mano hasta alcanzar con el dedo meñique el do de la octava superior. Una vez realizado esto y teniendo un do debajo de cada dedo, produzca los sonidos de ambas notas *simultáneamente*.

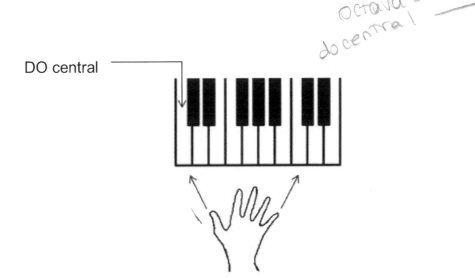

Repita varia veces la ejecución hasta lograr que ambos sonidos se escuchen al mismo tiempo, como si se tratara de un solo sonido cada vez. Si su mano no le permite abarcar el espacio de la octava con comodidad, necesitará de algún tiempo para lograr una ejecución clara, es decir, un toque que evite la producción accidental de otras notas. La práctica constante aumentará la flexibilidad y extensión de su mano permitiéndole realizar cómodamente este toque.

Una vez hecho lo anterior, prosiga con la siguiente nota re en la misma forma. Para esto bastará con que mantenga la mano en la misma posición, conservando igual la distancia entre el pulgar y el meñique y desplazando aquélla hacia la derecha una sola tecla. Vaya haciendo lo mismo sucesivamente con las demás notas del pentagrama hasta alcanzar el último do del ejemplo con lo que habrá completado el ejercicio.

Todos los ejercicios siguientes deberá realizarlos en la misma forma, pero como la complicación aumentará progresivamente al ir pasando de uno a otro, será menester estudiar uno solo cada vez, no debiendo continuarse con el siguiente hasta que el anterior se haya dominado satisfactoriamente.

RECOMENDACIONES.

1) Al verificar estos ejercicios se estará trabajando en establecer una adecuada coordinación visual-motora. Esto quiere decir que la lectura de las notas y su reconocimiento y ejecución en el teclado estarán combinándose. Como algunos estudiantes encuentran difícil al principio reconocer las notas en el pentagrama, puede ayudarle escribir con lápiz el nombre de cada nota a su lado, lo que resulta también de utilidad para su memorización. La práctica hace innecesario este procedimiento.

2) La velocidad y el ritmo están completamente al margen del propósito de estos ejercicios. Por consiguiente, deberá tomarse libremente todo el tiempo que necesite para preparar la ejecución de cada nota. Lo importante es que usted aprenda a reconocer las notas en el pentagrama y luego las ejecute cuidadosamente en el teclado, tratando de lograr el mejor toque posible cada vez, como se especificó con anterioridad.

3) Es común, al empezar a tocar el piano, realizar un esfuerzo muy superior al que se necesita para hacerlo con comodidad. La mano desarrolla una tensión exagerada que se traduce en la pérdida de su flexibilidad natural, el endurecimiento de sus músculos, y naturalmente, el rápido cansancio. Tocar el piano es una actividad placentera y debe hacerlo con la mayor comodidad posible. Apóyese sobre las teclas solamente con la firmeza necesaria para producir un sonido preciso y claramente audible. El peso de la mano sobre ellas, descansando sin tensión, es suficiente para lograrlo. La articulación de la muñeca deberá sostener la mano sin doblarse pero evitando todo endurecimiento innecesario. Manténgala siempre a la altura del teclado, separando y elevando ligeramente los codos de ambos brazos.

4) Es indispensable la constancia en la práctica para obtener resultados positivos. Recuerde que el propósito de estas lecciones es *ayudarle a que usted se ayude*, y en la medida en que lo comprenda y armonice con su práctica, le servirán de instrumento idóneo para alcanzar el fin propuesto.

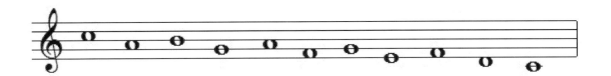
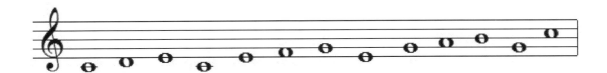
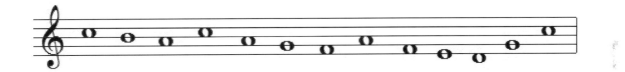
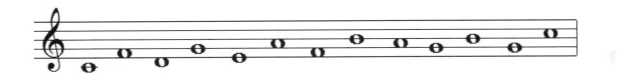

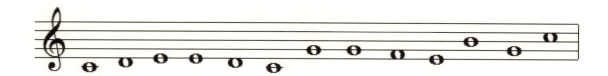

LECCION Nº 2
INICIACION EN EL RITMO

"En el principio era el ritmo"
Goethe.

I. El RITMO MUSICAL.

La música se toca siempre con ritmo por lo que será necesario conocer los medios de que nos servimos para indicarlo. El tiempo que usted invierte en tocar cualquiera de los ejercicios de la lección anterior puede variar con cada ejecución y también con respecto a los otros ejercicios, lo que depende bastante de la habilidad que haya logrado con su práctica. Pero tendremos que dividir ese tiempo de una manera regular con el objeto de que se escuche rítmicamente lo que usted toca. El procedimiento consiste en seccionar el pentagrama por medio de barras verticales que indiquen las divisiones periódicas del tiempo. Como resultado, obtendremos un pentagrama dividido en una serie de secciones, las cuales tendrán todas la misma duración. Estas secciones reciben el nombre de **compases** y representan una extensión de tiempo siempre igual.

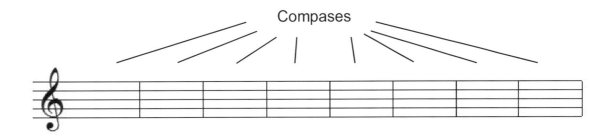

Vamos a suponer ahora que la duración de cada compás sea de 4 segundos. Si distribuimos las ocho notas que van del do central al do de su octava superior en los compases del ejemplo anterior y procedemos a tocarlas sucesivamente, cada una de ellas valdrá precisamente 4 segundos:

Toque la nota do inicial con el dedo índice de la mano derecha y cuente en voz alta de uno a cuatro a partir del momento en que produce el sonido, procurando hacerlo lo más rítmicamente posible. Repita el mismo procedimiento con la nota siguiente re, contando de nuevo de uno a cuatro, y así sucesivamente con todas las demás. Deberá pasar de cada nota a la siguiente sin pérdida de tiempo, de manera que las ocho notas se sucedan unas a otras manteniendo un ritmo uniforme, con la misma regularidad que tendría el tic-tac de un reloj.

II. LOS VALORES DE LAS NOTAS.

Es natural que si cada una de las notas de nuestro ejemplo anterior tiene una duración exacta de 4 segundos, también puede tenerlo de uno solo y en lugar de que se deba esperar contar hasta cuatro para levantar el dedo de la tecla, podría tocar la nota cuatro veces en el tiempo que el compás dura. Lo mismo podríamos decir si la nota valiera dos segundos en vez de uno, en cuyo caso daríamos dos notas iguales en cada compás, repitiendo el do dos veces, el re dos veces y así sucesivamente. En el primer caso –un segundo cada nota–, tocaríamos la tecla siempre que dijéramos en voz alta un número, y en el segundo, cada dos números. En este último caso, la primera nota correspondería a los números 1 y 2, y a los números 3 y 4 la segunda.

Ahora bien, no sería posible conocer la duración exacta de una nota si no dispusiéramos de algún medio convencional para indicarlo. En cualquier melodía, en donde los distintos sonidos que la forman tienen unos más duración que otros, es necesario precisar con claridad los diferentes valores de su duración, ya que de otra manera el sentido de la melodía se perdería por completo.

Volvamos a nuestro ejemplo anterior en el que cada nota vale 4 segundos. Pero sustituyamos la palabra "segundo" por su designación musical correcta: **tiempo.** Hacemos esto porque la medida de la duración de las notas en la música no es absoluta, no se rige por los segundos del reloj, sino por un ritmo que puede ser unas veces lento y otras más rápido, es decir, por medidas relativas, por tiempos. Podemos contar rítmicamente de uno a cuatro, lentamente o con rapidez, pero siempre que lo hagamos a intervalos exactamente iguales estaremos dando tiempos musicales. Ahora bien, si la nota de nuestro ejemplo anterior vale cuatro tiempos exactos, podemos dividirla en dos notas que tenga cada una un valor de dos tiempos. La **unidad**, como llamaremos a la nota original, habrá quedado así dividida en dos **medios.** Para diferenciar este nuevo valor, trazaremos una pequeña raya vertical a partir del círculo de la nota, hacia arriba o hacia abajo, según convenga. Si ahora hacemos una división más, y en vez de dividir la unidad en medios la dividimos en **cuartos**, en notas cuya duración es de un tiempo cada una, habremos obtenido un nuevo valor que distinguiremos de los anteriores ennegreciendo el interior del círculo de la nota y conservando la rayita vertical. En música se reconocen estas representaciones como *valores*, y se les designa también con los nombres de *redonda* (la unidad), *blanca* (el medio) y *(negra)*, el cuarto.

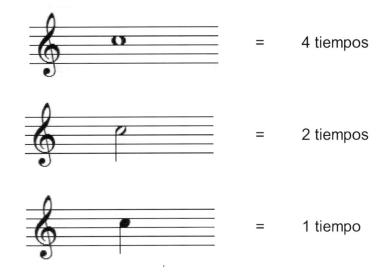

El resultado de estas particulares divisiones se representa gráficamente en la siguiente *Tabla de Valores*:

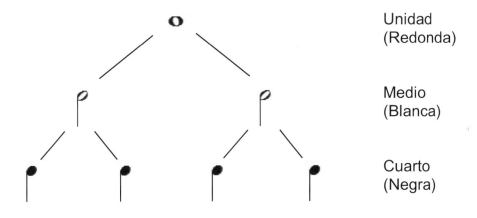

Interpretando la Tabla de Valores tendremos que cada unidad equivale a dos medios y cada medio a dos cuartos. El compás cuya duración es de 4 cuartos, como el de nuestro examen y que tiene a la unidad como su valor máximo, se especifica por medio del quebrado 4/4 (o también con una letra "C") al comienzo del pentagrama, justamente después del signo de la clave de sol:

Evidentemente, existen también otras clases de compases con medidas de tiempo distintas del compás de 4/4, pero de eso no nos ocuparemos ahora. La comprensión satisfactoria de los principios rítmicos que se explican en esta lección y el dominio del compás de 4/4 a través de los ejercicios melódicos que se dan a continuación, facilitarán el conocimiento y manejo de otro tipo de compases con estructura rítmica distinta.

III. EJERCICIOS.

Los ejercicios que acompañan esta lección deberán ejecutarse en la misma forma que los de la Lección Nº 1, o sea que se tocarán también con octavas en la mano derecha, duplicando cada una de las notas escritas con su octava superior. Pero en esta ocasión habrá una importante diferencia: se estudiarán rítmicamente. Esto quiere decir que será necesario medir con la mayor precisión posible la duración de cada nota, según sea el valor que le corresponda.

Los números situados debajo del primer compás, como en el ejercicio Nº 1, indican los tiempos en que el compás se divide y los cuales convendrá que usted repita en voz alta durante su práctica. Es aconsejable escribir con lápiz los números de los compases siguientes, ya que esta precaución –que no habrá de necesitar posteriormente–, evita los errores de medida que son frecuentes al principio y ayuda a fijar en la mente el valor relativo de las notas.

Es importante recordarle que no deberá pasar de un ejercicio a otro hasta no haber logrado dominarlo bastante bien. Es indispensable que repita cada melodía un suficiente número de veces ya que solo la práctica constante podrá garantizarle un rápido progreso.

RECOMENDACIONES.

1) No deberá pasar desapercibida la importancia teórica y práctica contenida en la presente lección. Con su dominio habrá empezado a resolver el problema rítmico de la melodía y estará en posibilidad de comenzar a utilizar su mano izquierda para crear el acompañamiento armónico de sus primeras melodías, tema del que nos ocuparemos en la lección siguiente.

2) Por lo anterior, es aconsejable que trate de reproducir algunas melodías en el piano, como un entrenamiento adicional. Empiece con aquellas con las que esté más familiarizado y pueda reproducirlas sin mucha dificultad. Utilice para hacerlo el dedo índice de su mano derecha, o si lo prefiere –lo que sería más conveniente–, usando octavas. Con un poco de práctica aprenderá a relacionar las diferentes alturas que se dan entre las notas de una melodía y sus distancias equivalentes en el teclado del piano.

3) Si la práctica anterior no ofrece especial dificultad, podrá obtener un adelanto considerable si trata de tocar estas melodías libres *rítmicamente*. Inténtelo ayudándose del pie o de su mano izquierda para marcar un ritmo uniforme –si dispone de un metrónomo, mucho mejor–, es decir, un golpeteo regular intermitente en el que pueda acomodar la melodía. No es fácil lograrlo en un principio y la mayor dificultad estriba en encontrar los puntos de la melodía en que coinciden los acentos de su ritmo. Puede formarse una idea bastante clara de esto si usted empieza por entonar o silbar una marcha marcando su ritmo con el pie. Los ejercicios de nuestro

Curso le irán ayudando en la educación progresiva de su oído, enseñándole poco a poco a *sentir* espontáneamente la pulsación rítmica de cualquier melodía.

LECCION N° 3
PRIMERAS NOCIONES DE ARMONIZACION

"La música es como un lenguaje universal que expresa armoniosamente todas las sensaciones de la vida".   *M. Cottin.*

I. LA ARMONIA.

Toda expresión musical está compuesta de estos tres elementos: *melodía, armonía y ritmo*. Algo nos hemos ocupado ya, en las lecciones anteriores, de la melodía y el ritmo; ahora pasaremos a estudiar lo relacionado con la armonización.

El problema de la armonía es el de la combinación simultánea de los sonidos y debemos resolverlo cuantas veces necesitemos acompañar y enriquecer una melodía. Saber combinar adecuadamente los sonidos es un arte que tenemos que dominar si aspiramos a expresarnos en el idioma musical. Antes de que el pintor pueda crear libremente en su tela ha debido conocer el uso correcto de sus medios de expresión y las leyes que gobiernan la combinación armoniosa de los colores. Algo similar debemos hacer en la música en lo relacionado con las combinaciones simultáneas de los sonidos.

Al tratar sobre el principio de la octava en nuestra primera lección, ensayamos combinar de una manera muy sencilla varios pares de sonidos. Empezamos tocando el do con el dedo índice de la mano izquierda, y luego, simultáneamente con este do, fuimos tocando con la mano derecha cada una de las notas siguientes (re, mi, fa, sol, etc.) hasta producir la octava. Esta serie de combinaciones, tan elemental como puede ser, es suficiente para mostrarnos que hay dos clases de combinaciones sonoras o armonizaciones: las **consonantes** y las **disonantes**. Las primeras son gratas al oído, se escuchan claras y las acompaña una sensación de estabilidad. Las otras, por el contrario, pueden sentirse menos agradables, pero sobre todo nos darán una impresión de aspereza y de cierta tensión e inestabilidad. De las combinaciones que ensayamos al combinar el do con las demás notas que le siguen, la octava do-do, por ejemplo, es particularmente muy consonante, en contraste con la combinación anterior do-si cuyo efecto disonante es muy notable.

En la música, sin embargo, no podemos emitir juicios definitivos acerca de si las consonancias son *buenas* y las disonancias *malas.* Tan útiles y efectivas pueden ser unas como las otras y todo depende del acierto con que sepamos servirnos de ellas. Por los tanto, utilizaremos aquí un criterio moderno para estimar y evaluar todas las posibles combinaciones que podemos hacer con los sonidos simultáneos considerándolos, no tanto como consonantes o disonantes, sino más bien como armonías de una mayor o menor *tensión*.

Cuando combinamos simultáneamente dos sonidos diferentes, como en la serie mencionada, estamos creando lo que en música se designa con el nombre de

intervalos. La octava, por ejemplo, es un intervalo, ciertamente el más consonante de todos. Pero el verdadero material con el que la armonía trabaja es el **acorde**, o sea cuando la combinación que se crea es de tres sonidos o más.

Tocar adecuadamente el piano requiere emplear constantemente acordes. Una de las ventajas del piano respecto a muchos otros instrumentos está precisamente en este recurso que le permite bastarse a sí mismo, es decir, operar como un instrumento "solista". Ahora bien, la cantidad de acordes diferentes que se pueden producir en el piano es muy numerosa, pero veremos cómo es posible reducir a unas cuantas estructuras fundamentales toda su compleja variedad.

II. EL ACORDE MAYOR.

Empezaremos por definir nuestro primer acorde, el más sencillo que se nos presenta al combinar simultáneamente 3 sonidos diferentes. Se trata del más consonante de todos los acordes y se le denomina **acorde mayor**. Partiendo de la nota do obtenemos un acorde mayor de do al combinar las 3 notas do, mi y sol y tocarlas en el piano simultáneamente. Sitúe su mano izquierda a la altura del do que se encuentra una octava más abajo del do central, en la región grave del teclado. Coloque el dedo meñique sobre este do, el dedo del medio sobre la nota mi y el dedo pulgar en la nota sol. Enseguida, trate de tocar los tres sonidos al mismo tiempo. La figura siguiente ilustra esta posición en el teclado:

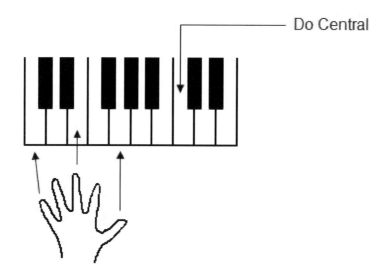

Al principio puede parecerle un poco difícil producir los tres sonidos simultáneamente. El dedo anular, por ejemplo, debido a su poca independencia podría presionar su tecla a la vez que los otros dedos. Pero en la misma forma en que ha logrado el dominio en la ejecución de las octavas con la mano derecha, le será posible realizar también este toque cómodamente y con claridad si lo practica un suficiente número de veces. Bastará con que repita el acorde cuantas veces sea necesario hasta lograr que sus tres sonidos se escuche bien y al mismo tiempo.

Analizaremos ahora la estructura del acorde mayor de do. Si usted cuenta todas las notas –blancas y negras– que se encuentran entre el do y el mi, incluyendo también estas dos, verá que la distancia entre ellas es de 5 notas. El 5 representa, por consiguiente, el espacio comprendido entre la primera y la segunda notas del acorde. Al repetir el mismo procedimiento midiendo de la segunda nota mi a la última nota sol del acorde, el resultado será de 4 notas. La distancia entre ambas podremos representarla ahora por medio del número 4.

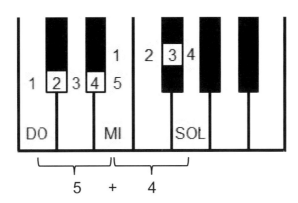

5 + 4 será la fórmula clave para determinar la estructura de cualquier acorde mayor. Con este sistema de medición, sumamente práctico y sencillo, podremos profundizar en el conocimiento de los acordes del piano. Si aplicamos la misma fórmula –5 + 4– a la nota fa, por ejemplo, obtendremos inmediatamente el acorde mayor de fa (fa–la–do):

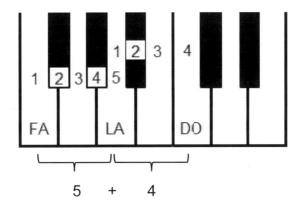

Siempre que utilicemos esta fórmula en cualquiera de las notas del teclado, nos dará el acorde mayor correspondiente a esa nota. Ahora bien, como sabemos existen solamente 12 notas diferentes en el piano –las del esquema básico–, 12 será también el número total de acordes mayores que nos sea posible reproducir en el teclado.

III. LOS 3 ACORDES BASICOS.

No necesitaremos, al principio, más que tres acordes mayores para poder armonizar con efectividad una melodía: el de DO, el de FA y el de SOL. Es importante que usted aprenda a distinguir muy bien estos tres acordes básicos en el piano. El acorde mayor de do, como ya hemos visto, se construye sobre la nota do que se encuentra una octava más abajo del do central y está formado por las notas do–mi–sol. El acorde mayor de fa (fa–la–do) y el de sol (sol–si–re), aparecen juntos por la continuidad de sus notas *fundamentales* –el fa y el sol– y los tocaremos inmediatamente debajo del acorde mayor de do:

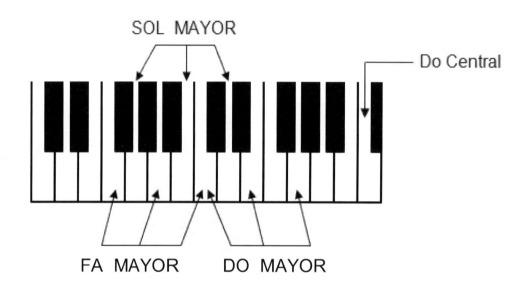

En la ejecución de cualquiera de estos tres acordes se utilizan siembre los mismos dedos, es decir, el meñique, el dedo del medio y el pulgar. Deberá procurar obtener un toque uniforme con los tres dedos de tal manera que las notas se escuchen todas con la misma intensidad y tan simultáneamente como le sea posible.

Para indicar en el pentagrama el acorde correspondiente –el que debemos utilizar en cada oportunidad–, anotaremos solo el nombre de su nota fundamental en la parte superior, con mayúsculas, como en el siguiente ejemplo:

El acorde SOL entra en este caso al mismo tiempo que la nota sol de la melodía y la mano izquierda deberá sostenerle hasta la entrada del compás siguiente, en donde se toca el acorde DO junto con la nota do de la mano derecha.

Cuando el acorde que utilizamos se extiende sobre la melodía más allá de la duración de un solo compás, no es necesario escribirlo de nuevo, pero de todas maneras debe repetirse su ejecución siempre que el compás empieza. Esto es así porque la sonoridad del acompañamiento tiende a decaer y es preciso reforzarla con cierta regularidad.

IV. EJERCICIOS.

Al final de esta lección encontrará usted dos melodías cuyos pentagramas muestran en la parte superior los acordes de su acompañamiento. La primera de ellas emplea solamente los acordes mayores de DO y de SOL, mientras que en la segunda entran todos, es decir, también el de FA. Resuelva esta última melodía con la experiencia adquirida en la armonización de la primera.

Se trata, naturalmente, del mismo ejercicio N° 6 que usted estuvo practicando en la lección pasada. Ahora que puede ejecutarlo correctamente con las octavas de la mano derecha verá que no es difícil agregar con la mano izquierda los acordes de su acompañamiento. Obtendrá como resultado su primera melodía armonizada.

La nota do del primer compás se ejecuta simultáneamente con el acorde mayor de do. Se sostiene este acorde todo el tiempo que dura el compás, o sea mientras la derecha toca las notas do y re, en el primero y cuarto tiempos. Al comenzar el compás siguiente el acorde se repite de nuevo, tocándose al mismo tiempo que la nota mi de la melodía. El procedimiento es igual para los otros compases que están todavía bajo el dominio de la armonía de do mayor. En el quinto compás, la mano izquierda se desplaza hacia abajo para producir el acorde SOL junto con la octava sol que corresponde dar en la mano derecha. Continuando en la misma forma, deberá practicar todo el ejercicio hasta el final. Recuerde que el acorde se toca siempre al principio de cada compás y que necesita repetirlo en cada uno mientras no se especifique un cambio de acorde.

RECOMENDACIONES.

1) Con el trabajo de su primera armonización habrá comenzado a utilizar ambas manos. Empiece, naturalmente, por acostumbrar bien su mano izquierda al toque de los tres acordes básicos, repitiéndolos cuantas veces sea necesario hasta asegurarse de que puede ejecutarlos con precisión y claridad.

2) Al juntar las manos en los dos ejercicios de esta lección, deberá poner mucho cuidado en obtener su sincronización, es decir, que cuando corresponda dar un acorde con la izquierda y una octava con la derecha, *todas las notas de ambas manos suenen al mismo tiempo*.

3) Al comienzo de su práctica tendrá que descuidar un poco el ritmo, por ocuparse en superar dificultades técnicas, pero apenas considere que puede ejecutar los acordes de la izquierda bastante bien y sin dilación, junto con las octavas de la melodía, *realice el ejercicio rítmicamente*.

4) La práctica de encontrar acordes aplicando la fórmula para deducir un acorde mayor es aconsejable por varias razones. Aunque usted no vaya a emplear todavía muchos de ellos, conviene que empiece a conocerlos desde ahora y también, a ejercitarse en el procedimiento de medición que será el que usaremos en nuestras lecciones. La mayoría de los acordes que usted encontrará llevan teclas negras, pero en todos los casos deberá utilizar siempre los mismos tres dedos que utiliza para los acordes básicos DO, FA y SOL. Esto aun en el caso en que las tres notas sean teclas negras como ocurre con el acorde construido sobre la primera tecla negra del grupo de tres.

Es útil servirse del dedo índice de la mano derecha para medir la distancia entre las notas, a fin de que la izquierda pueda ir reteniendo con los dedos correspondientes las notas halladas. De hacerlo con una sola mano se corre el riesgo de olvidar las primeras. Repase por lo menos dos veces el recuento para asegurarse de no incurrir en alguna equivocación.

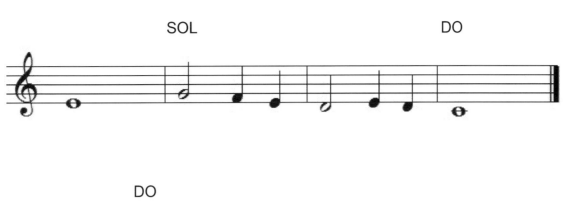

("Jingle Bells")

LECCION N° 4
LOS PRINCIPIOS DE LA TONALIDAD

"Donde hay música no puede haber cosa mala"
Cervantes.

I. INTRODUCCION.

Probablemente usted se haya preguntado por qué razón, habiendo en el piano 12 acordes mayores (uno por cada nota distinta del esquema), hemos escogido los acordes de DO, FA y SOL para hacer nuestra primera armonización, llamándoles los *acordes básicos* de la armonía. El oído acepta su empleo en el acompañamiento de las dos melodías que hemos visto como satisfactorio y hasta suficiente. Sin embargo, no podemos dejar solo al juicio auditivo la explicación de un hecho cuya importancia es relevante si deseamos aprender a construir correctamente. Algunos han aprendido a tocar melodías en el piano de una manera casi intuitiva, *de oído* como suele decirse, pero el método para encontrar los acordes de un acompañamiento por ensayo y error, o sea poco menos que al azar, no es el mejor modo de hacerlo ni el que seguiremos aquí. Si bien es muy importante que usted vaya educando su oído en el uso correcto de sus acordes, no lo es menos conocer los principios en que ese empleo se basa. Tal conocimiento le dará mayor seguridad en el manejo de sus recursos capacitándole para resolver los problemas planteados en la práctica de la armonización.

II. LAS SERIES CROMATICA Y DIATONICA.

El uso exclusivo de las teclas blancas del piano, como lo hemos venido haciendo y el convencimiento que podemos tener de que son suficientes para darnos casi todas las melodías deseadas sin recurrir a las negras –o solo muy rara vez–, es razón para preguntarse por qué razón han sido colocadas estas últimas en el piano. Prácticamente, toda la música que estamos acostumbrados a escuchar ha sido concebida sobre 7 notas fundamentales y no sobre las 12 notas de que realmente disponemos. A eso se debe que en el ordenamiento del teclado, las 7 notas a las que nos referimos llevan nombre propio y se distinguen en el teclado como teclas blancas, mientras las otras 5 aparecen como teclas negras y dependen de aquéllas para su designación, como oportunamente veremos.

Al considerar los sonidos que integran el esquema básico del teclado se debe distinguir claramente la diferencia entre las siguientes dos series:

a) la que incluye todas las notas del esquema por igual (12 en total), denominada **serie cromática**, y

b) la que distingue solamente 7 notas fundamentales, conocida como **serie diatónica.**

Serie Cromática:

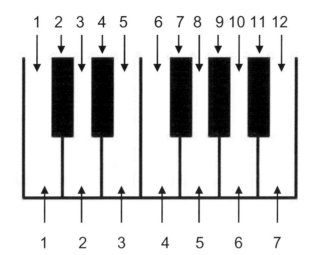

Seria Diatónica:

La serie diatónica se reconoce en la música como **TONALIDAD** (o también **TONO**). Al tocar sucesivamente las notas blancas del piano de un do al otro do de la octava superior, se recorre una **escala** que comprende 7 notas diferentes, todas ellas colocadas a igual distancia unas de otras con solo dos excepciones:

De Do a Re = 3

Re a Mi = 3

Mi a Fa = 2 –

Fa a Sol = 3

Sol a La = 3

La a Si = 3

Si a Do = 2 –

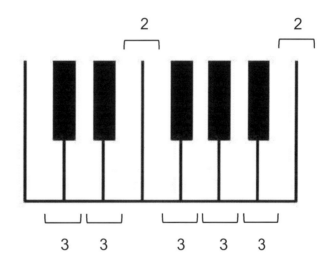

Esta relación (3+3+2+3+3+3+2) es la fórmula que determina la estructura de una tonalidad, y naturalmente, podemos hacer lo mismo que con la fórmula de los acordes: construir hasta 12 tonalidades diferentes, una por cada nota del esquema. Pero no será necesario que usted conozca todas las tonalidades para que pueda tocar el piano; bastará con que conozca la fórmula para que pueda encontrar, en el momento en que lo necesite, la escala que corresponde al tono que le interese. (Es evidente que toda melodía se puede tocar en el piano en cualquiera de las 12 tonalidades, lo que equivale a poder tocarla de 12 maneras diferentes. En todos los casos, las notas que se den serán distintas pero las distancias entre ellas siempre las mismas lo que hará que la melodía se escuche siempre igual).

La tonalidad recibe el nombre de la primera nota de su escala. En el caso de la tonalidad de Do, por ejemplo, el do es la primera nota de la escala y Do es el nombre que lleva el tono. Como ejemplo, tratemos ahora de encontrar las 7 notas que forman la tonalidad de Sol. Empezando a construir su serie diatónica a partir de la nota sol, la aplicación de la fórmula nos dará el siguiente resultado:

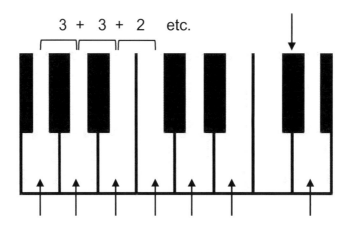

III. LOS GRADOS DE LA TONALIDAD.

Las 7 notas que integran una tonalidad no representan una serie de componentes iguales, sino al contrario, existe entre ellas un orden jerárquico. De aquí la conveniencia de distinguir cada una de las 7 notas como un **grado** de la tonalidad, de tal manera que en el tono de Do, por ejemplo, el primer grado es la nota do, el segundo grado la nota re, y así sucesivamente. Empleamos números romanos para diferenciar los 7 grados de la tonalidad:

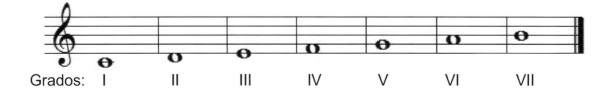

El más importante de todos los grados es el primero y le da su nombre a la tonalidad. Cuando construimos sobre este grado un acorde mayor, obtenemos el acorde principal del tono, el más alto de la jerarquía. En la tonalidad de Do, por ejemplo, el acorde del primer grado es el acorde mayor de do (do–mi–sol), cuyas notas corresponden todas a esta tonalidad.

Le siguen en importancia a este acorde los acordes de los grados IV y V, o sean en nuestro caso, los acordes de FA y de SOL. Las notas de estos acordes (fa–la–do y sol–si–re), pertenecen también al tono.

Comenzará a comprender ahora por qué hemos empezado haciendo uso de estos tres acordes, los más importantes en la jerarquía de la tonalidad. Su eficacia para el acompañamiento de las melodías reside en que contienen en su estructura la totalidad de las notas que forman el tono:

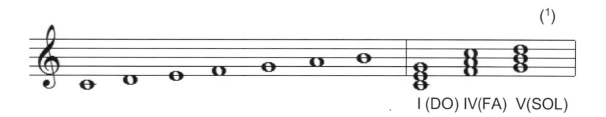

(¹)

I (DO) IV(FA) V(SOL)

IV. LA PROGRESION DE LOS ACORDES.

En la música todo es movimiento y cambio. Cuando analizamos un acorde separadamente lo hacemos así solo para conocer su estructura, es decir, la forma como está compuesto ya que ningún acorde puede ser bien comprendido si se desconoce su esencial característica *dinámica*, es decir, su tendencia natural a moverse en alguna dirección para buscar su enlace con otros acordes. Tal como sucede con la melodía cuyos componentes sonoros nada significan aisladamente, así también los acordes solo adquieren su verdadera significación al relacionarse con otros acordes. Las direcciones que adoptan los enlaces de las armonías al combinarse entre sí se les conoce con el nombre de **progresiones**.

Las progresiones dinamizan y enriquecen el contenido expresivo de las melodías, se desarrollan en el marco de la tonalidad y ponen de manifiesto el movimiento de sus grados. Por eso resulta muy conveniente representarlas mediante sus correspondientes números romanos. Veamos las más importantes.

En primer lugar está la progresión que se forma con el movimiento del primer grado al quinto y de este último al primero: I –> V –> I. En la tonalidad de Do, se interpreta como: DO –> SOL –> DO. Es la más elemental de todas las progresiones y es la que hemos utilizado en el Ejercicio N° 1 de la lección pasada para armonizarlo en su totalidad. La tendencia del acorde del quinto grado –en nuestro caso el acorde SOL– a *resolverse* en el primero, representa uno de los movimientos más significativos y determinantes en la dinámica de la progresión de acordes. Repita alternativamente estos dos acordes, primero el de SOL y enseguida el de DO y note cómo se manifiesta esta tendencia (SOL –> DO).

(¹) Cuando las notas se escriben en el pentagrama en forma superpuesta, significa que deben sonar al mismo tiempo. Los acordes DO, FA y SOL utilizan para su formación todas las notas del tono. Note que en el acorde SOL se ha empleado el re superior para no alterar el orden de su composición.

La progresión que sigue en importancia a la anterior es la que resulta de combinar los acordes I y IV: I –> IV –> I (DO –> FA –> DO). La atracción es menos fuerte en este caso (FA –> DO) como puede comprobarse al compararla con la tendencia V –> I que se percibe como más poderosa.

Finalmente, encontramos la progresión en la que se combinan los tres grados importantes de la tonalidad, que en nuestro ejemplo son los acordes básicos DO, FA y SOL: I –> IV –> V –> I (DO –> FA –> SOL –> DO). Examine el uso de esta progresión en el Ejercicio N° 2 de nuestra lección anterior.

En resumen, establecemos como progresiones elementales entre los grados de la tonalidad las siguientes tres:

1) I – V – I   (DO – SOL – DO)

2) I – IV – I   (DO – FA – DO)

3) I – IV – V – I   (DO – FA – SOL – DO)

EJERCICIOS.

Su principal tarea práctica en la presente lección consistirá en resolver algunos problemas. Son los siguientes:

1) Armonice en su totalidad las dos melodías que se encuentran al final de esta lección, utilizando para ello la progresión I – V – I de la tonalidad de Do (o sea los acordes mayores de DO y de SOL). Empiece por tocar las melodías con la mano derecha en la forma acostumbrada (en octavas) y una vez que sienta cómoda su ejecución, trate de encontrar los acordes correspondientes de los compases anotándolos en la parte superior del pentagrama. Cada compás ha sido numerado para que pueda verificar las soluciones correctas las cuales se incluirán en nuestra siguiente lección.

2) Establezca la tonalidad de Sol, verifique sus tres acordes básicos (I, IV y V) y proceda a combinarlos con las tres progresiones.

3) Realice lo mismo con la tonalidad de Re.

Las soluciones a estos tres problemas se encontrarán al final de la Lección 5.

RECOMENDACIONES.

Es aconsejable ejercitar el oído en el reconocimiento de la serie diatónica y en de las tres progresiones que se examinan en esta lección.

Cuando se intenta reproducir en el piano una melodía conocida, sin la guía del pentagrama, conviene determinar previamente la tonalidad. Esto simplifica la tarea y sitúa al estudiante en el camino de su pronta y correcta armonización. Para lograrlo, empiece por repetir varias veces la progresión IV – V – I (en el caso de la tonalidad de Do, los acordes mayores de FA, SOL y DO). El objeto es fijar en la mente el sentimiento del tono, sintonizándola con la progresión que sirve para definirlo. La evocación que luego se haga de la melodía tenderá a coincidir con la tonalidad elegida. Por regla general, la primera nota de una melodía es casi siempre alguna de las tres notas que forman el acorde principal del tono, o sea el acorde mayor del primer grado (en Do, por ejemplo, las notas do, mi y sol).

LECCION Nº 5

EL BAJO SIMPLE (I)

*"No se puede vivir intensamente
si no se ha sentido la música"*
Horacio.

I. INTRODUCCION.

El lenguaje musical es melodía, armonía y ritmo. Progresar en el conocimiento y en la práctica de estos tres elementos es indispensable para que podamos expresarnos musicalmente. De ahí que debamos realizar con cada lección un significativo avance en el dominio de lo melódico, lo armónico y lo rítmico. Las melodías que estamos viendo en nuestras lecciones tienen la finalidad de ayudarle a alcanzar ese objetivo, capacitándole progresivamente para que pueda improvisar en el piano. La intención es que se sirva de ellas como modelo y que la experiencia adquirida pueda aprovecharla extensivamente en el género de música que usted prefiera. Tenga presente que las lecciones del Curso no se proponen limitarle al repertorio que contienen, sino fundamentalmente, enseñarle a tocar y a construir en el piano con la seguridad necesaria para que pueda usted encontrar su propia y personal expresión musical.

Daremos aquí un paso importante en esa dirección con el estudio de las lecciones 5 y 6. Aprenderemos ahora a construir un acompañamiento más sólido para las melodías empleando un recurso muy sencillo y eficaz que se conoce como **Bajo Simple.** Se trata del procedimiento más elemental utilizado para acompañar satisfactoriamente una melodía y como auxiliar en la armonización es ampliamente utilizado por muchos arreglistas. Con su empleo, sus melodías empezarán a escucharse como *piezas* en el piano y habrá usted comenzado a recorrer el camino de la improvisación y del arreglo, del verdadero disfrute del instrumento.

La técnica del Bajo Simple deriva del conocimiento de los acordes y es el paso natural que debe darse una vez hayamos aprendido a reconocer y tocar algunos de ellos con la mano izquierda. Existen dos variedades de Bajo Simple y vamos a ocuparnos primero de la más elemental. Consiste en la repetición continua de los acordes *por unidad de tiempo,* es decir, no solamente al comienzo de cada compás como lo hemos hecho hasta aquí. Si el compás es de 4/4, se deberá tocar el acorde en el piano cuatro veces seguidas en cada uno de los compases. La ejecución deberá hacerse rítmicamente como su habilidad se lo permita.

Antes de ver con algunos ejemplos cómo se hace esto en la práctica, ampliaremos un poco más la teoría que ya hemos adquirido con algunos conceptos nuevos que vamos a utilizar en las melodías de esta lección.

II. EL SIGNO DEL SOSTENIDO (#).

Las melodías que ahora estudiaremos están escritas todas en la tonalidad de Sol. Las notas que comprende esta tonalidad las hemos visto ya en la lección pasada, pero vamos a recordarlas:

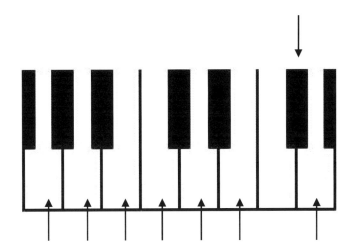

El primer grado es la nota sol, y por consiguiente, el acorde principal del tono es el acorde de Sol Mayor (sol-si-re). Los grados IV y V son respectivamente do y re; los acordes mayores construidos sobre estas notas completan los tres acordes básicos de la tonalidad. Siéndonos ya conocidos los acordes de Sol y de Do, reproducimos aquí solamente el de Re Mayor:

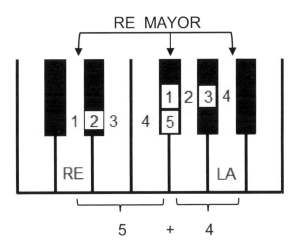

La tecla negra intermedia de este acorde es precisamente la que entra en la composición de la escala de la tonalidad. También aquí, como en todos los tonos, los tres acordes básicos reúnen juntos todas las notas que conforman dicha escala. Observe que en el tomo de Sol se emplean casi todas las teclas blancas del piano, con la sola excepción de la nota fa que en su escala es omitida. En su lugar, encontramos una tecla negra –la primera del grupo de tres– que por esa circunstancia se le denomina igual que la nota que sustituye –es decir, *fa*–, pero diferenciándola como **fa sostenido.** El signo de sostenido es semejante al que se usa para número: – # – y colocado antes de una nota sirve para indicar que éste se eleva cromáticamente una tecla hacia su derecha. Así, las 5 teclas negras del piano son todas sostenidos de cada una de las teclas blancas que les anteceden. En el pentagrama aparecen escritas de la siguiente manera:

Como las melodías que se tocan en la tonalidad de Sol estarán usando constantemente el fa sostenido en vez del fa *natural*, se acostumbra escribir el signo del sostenido una sola vez, al comienzo del pentagrama, extendiendo desde aquí su acción sobre todas las notas fa que aparezcan escritas en la melodía. Se le sitúa entre el signo de la clave de Sol y el quebrado que indica el tiempo:

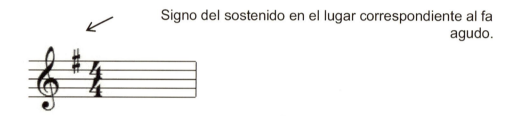

Signo del sostenido en el lugar correspondiente al fa agudo.

Durante la lectura será necesario recordar constantemente que todo fa que encontremos es un fa sostenido, o sea que tocaremos siempre la tecla negra contigua al fa en vez de este. El procedimiento tiene la ventaja de que podemos reconocer inmediatamente la tonalidad en la que está escrita una melodía con solo ver el comienzo del pentagrama.

III. EL OCTAVO.

Las melodías que vamos a estudiar en esta lección introducen un nuevo valor de nota: **el octavo**. En música se le reconoce también con el nombre de *corchea*. Este valor supone una división más en el tiempo, y naturalmente, un considerable enriquecimiento de las posibilidades rítmicas de la melodía. El octavo se representa gráficamente como el cuarto, pero diferenciándose de este con el agregado de un pequeño trazo terminal: Cuando en una melodía intervienen varios octavos sucesivamente, sus trazos adicionales se enlazan entre sí formando un solo trazo continuo para facilitar su escritura. Como cada cuarto equivale a dos octavos, en un compás de 4/4 pueden intervenir hasta ocho notas sucesivas. Todavía es posible hacer una división más, pero resulta innecesario en nuestra práctica actual ya que los cuatro valores con que contamos son suficientes para desarrollar dicha práctica.

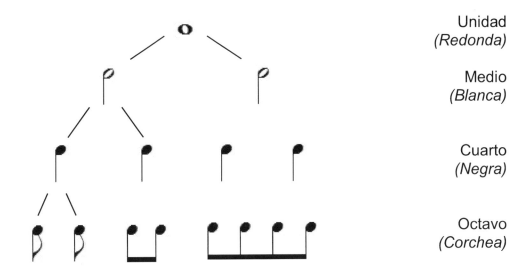

Unidad
(Redonda)

Medio
(Blanca)

Cuarto
(Negra)

Octavo
(Corchea)

IV. EL COMPAS DE 3/4.

Utilizaremos en esta lección un diferente tipo de compás: el que está representado por el quebrado 3/4. La importancia de este compás es paralela a la del compás de 4/4 que hemos empleado hasta ahora. Prácticamente, todas las mediciones empleadas en la música se pueden reducir a una división binaria o a una división ternaria del tiempo.

Como lo expresa el quebrado, la división del compás de 3/4 deberá hacerse midiendo 3 tiempos en cada compás, siendo el cuarto la unidad que corresponde a cada tiempo. De acuerdo con esto, un compás de 3/4 no puede emplear nunca la unidad (redonda) ya que es menor que ella, ni incluir tampoco más de 6 octavos.

Estamos ahora en condiciones de empezar con la aplicación práctica del Bajo Simple. Como dejamos señalado, todo lo que se necesita hacer es repetir el acorde con la mano izquierda tantas veces como tiempos intervienen en la formación de los compases- Veámoslo en una melodía muy conocida cuya brevedad y sencillez harán que domine su ejecución rápidamente.

EJERCICIO N° 1.

En la realización de esta práctica deberá tener en cuenta lo siguiente:

1) Todas las notas de la melodía se tocan en octavas, como en las prácticas anteriores.

2) La ubicación de los acordes del acompañamiento es como sigue. El acorde de SOL se toca sobre la nota sol situada inmediatamente debajo del do central (no en el lugar en donde la hemos estado tocando hasta ahora, sino una octava más arriba). Los acordes de DO y de RE deberán situarse debajo del acorde de DO, como se indica en la figura siguiente:

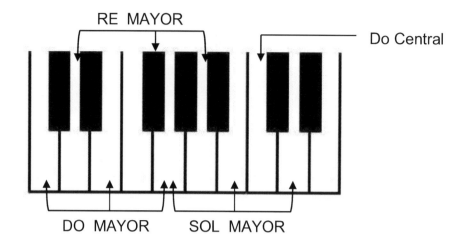

3) Las letras "a" que aparecen en la parte inferior del pentagrama sirven para indicar los tiempos en que deberán tocarse los acordes con la mano izquierda. Estos acordes coinciden exactamente con las notas correspondientes de la melodía al comienzo de cada tiempo.

4) En los compases en que intervienen octavos, el acorde debe producirse al mismo tiempo que el primero de ellos. El segundo octavo viene después, a la mitad del tiempo, y debe escucharse entre uno y otro acorde:

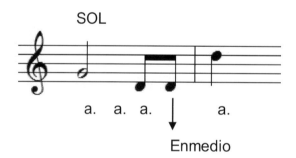

5) Las dos primeras notas con que empieza la melodía –dos octavos en re– no constituyen un compás, sino solo un tiempo que anticipa y prepara la entrada del mi siguiente. Esta nota mi es la que lleva el primer acento de la melodía y a partir de ella empiezan a contarse los tiempos. Muchas melodías tienen esta forma de introducción y es importante reconocerla para no equivocar la medida colocando el acento principal fuera de lugar. (Estas notas de preparación constituyen lo que en música se conoce como *anacrusa*. Las tres primeras notas del himno de "La Marsellesa", por ejemplo, forman una anacrusa). Las melodías suelen acentuarse en el primer tiempo de cada compás (denominado también *tiempo fuerte*).

"HAPPY BIRTHDAY"

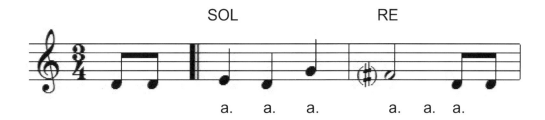

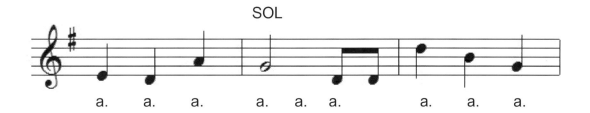

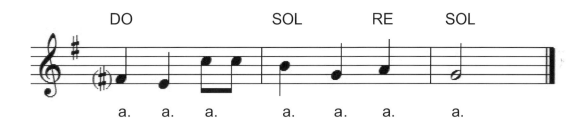

En el segundo tiempo del primer compás, cuando usted toca con la mano derecha la nota re, el dedo pulgar de su octava coincide con el dedo pulgar de su mano izquierda que también da este re en el acorde SOL. Desplazando ligeramente las manos, la derecha hacia arriba y la izquierda hacia abajo, no tendrá inconveniente en acomodar los dos dedos pulgares en la misma nota.

Nota. Cuando la armonización de un compás es la misma que la del compás anterior, no es necesario repetir la escritura de su acorde, como se puede constatar en los compases tercero y quinto de esta melodía.

V. EL PUNTO.

Para prolongar la duración de una nota más allá de su valor original, se añade un punto a su lado. El punto sirve para indicar que la nota se ha extendido ahora exactamente la mitad de lo que vale nominalmente.

En algunas melodías, como la que veremos enseguida, se necesita el punto para prolongar la nota dada en un tiempo hasta la mitad del tiempo siguiente. La nota que viene después se toca entonces en la mitad que queda libre de ese tiempo y el Bajo Simple entra a continuación del acorde, después de él, entre uno y oro acorde:

EJERCICIO Nº 2.

La forma elemental del Bajo Simple que estudiamos en esta lección es particularmente útil en los ritmos marciales o solemnes. Con el ejercicio que ahora veremos tendrá usted un claro ejemplo de ello.

Al practicarlo, recuerde que los acordes de su acompañamiento deben coincidir exactamente con las octavas de la melodía, tocarse con precisión y escucharse con claridad. La importancia de esto es aquí mayor, pues solo una ejecución precisa y bien acentuada puede expresar el carácter de solemnidad que contiene este himno.

"AMERICA"

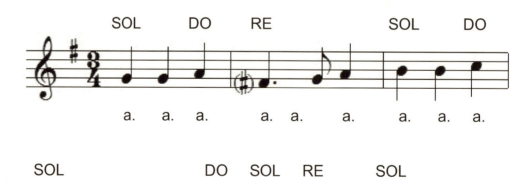

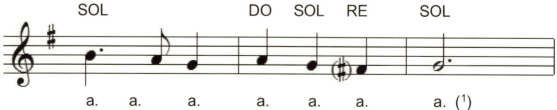

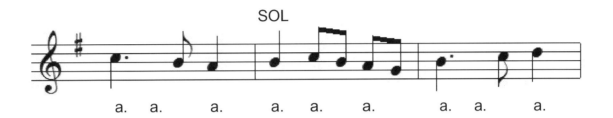

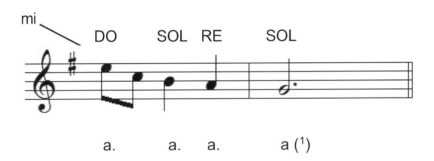

(¹) Toque solamente un acorde en este compás.

EJERCICIO N° 3.

Vamos a dar por concluida esta lección poniendo a prueba los conocimientos adquiridos hasta ahora. Su tarea consistirá en resolver el primer tema de una melodía popular muy conocida (*"Las Mañanitas"*), para lo cual deberá en primer lugar encontrar los acordes de su acompañamiento y anotarlos en la parte inferior del pentagrama. Enseguida, procederá a tocar la melodía empleando el Bajo Simple en la forma que ha aprendido a hacerlo en esta lección, teniendo cuidado de escribir abajo del pentagrama las letras *"a"* que señalan la entrada del acorde.

Tenga presente, antes de empezar, que la tonalidad empleada es la misma que hemos venido usando (Sol), que el compás es también de 3/4 y que los acordes básicos son los de SOL, DO y RE (en la armonización hará uso de los tres).

La solución a los acordes se encontrará al final de la lección siguiente.

"LAS MAÑANITAS"
(Tema Inicial)

El estudiante avanzado podrá completar esta melodía siguiendo el mismo procedimiento de la primera parte, es decir, estableciendo las progresiones de los acordes y convirtiéndolos en bajos simples en su forma elemental. Puede intentarlo también con otras melodías en los tonos de Do y de Sol que ya conoce y emplear indistintamente compases binarios o ternarios (4/4 o 3/4).

SOLUCIONES A LOS PROBLEMAS DE LA LECCION N° 4.

1. Ejercicio N° 1:

acordes:　　　DO　　SOL　DO　　　　　SOL　DO
compases;　　1 – 2 – 3 – 4 – – 5 – 6 – 7 – 8

　Ejercicio N° 2:

acordes:　　DO SOL DO　　　SOL　　　DO SOL DO SOL　DO　　　　SOL
compases:　1 – 2 – 3 – 4 – 5 – 6 – 7 – 8 – 9 – 10 – 11 – 12 – 13 –

　　　　DO SOL DO
　　　14 – 15　–　16

2. Acordes básicos de Sol: SOL (I), DO (IV) y RE (V).

3. Acordes básicos de Re: RE (I), SOL (IV) y LA (V).

LECCION Nº 6

EL BAJO SIMPLE (II)

"La música adormece el dolor en los corazones agitados" Chateaubriand.

II. BAJO SIMPLE CON NOTA GRAVE.

La forma de Bajo Simple que estudiaremos ahora –que es la que recibe propiamente ese nombre–, consiste en combinar alternativamente los acordes del acompañamiento con **notas graves** que se usan para reforzar los tiempos fuertes del compás. Para construir este Bajo Simple se toca la primera de las notas del acorde una octava debajo de su posición central, con el dedo meñique, en el primer tiempo del compás y repitiendo luego el acorde en cada uno de los tiempos siguientes.

Vamos a suponer, por ejemplo, que deseamos utilizarlo en un compás de tres tiempos (3/4), en el cual intervenga un acorde de DO. Lo primero que haremos será tocar la nota grave do situada una octava abajo del acorde, en el primer tiempo del compás, y enseguida tocaremos el acorde dos veces para completar el segundo y tercer tiempos.

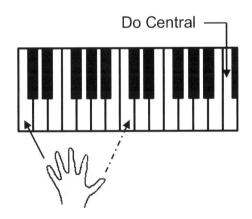

Una NOTA (n.)

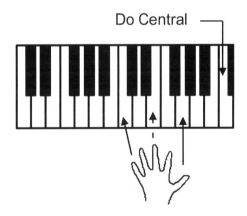

Dos ACORDES (a. a.)

En el pentagrama, esta forma de acompañamiento lo indicaremos de la misma manera que lo hemos hecho en la lección pasada, pero cambiando la primera letra "a" por una "n", que representa ahora una nota grave y no un acorde:

Practique el Bajo Simple de DO un suficiente número de veces hasta que pueda ejecutarlo con comodidad y escuche cómo la nota grave alterna con los acordes, una por cada dos de estos, rítmicamente. Observe que la colocación del acorde continúa siendo la habitual, es decir, una octava abajo del do central, mientras que la nota grave se desplaza hacia la izquierda para situarse a su vez una octava debajo del acorde. El punto de referencia entre ambos, el eje de la combinación nota–acorde, lo constituye la nota do del mismo acorde.

Una vez que haya logrado dominar la ejecución del Bajo Simple en el acorde DO, deberá hacer lo mismo con los acordes de FA y de SOL. Pero sus posiciones no serán ahora las mismas que utilizamos en las lecciones 2 y 3, sino una octava más arriba. La razón de este cambio es preparar el acompañamiento de la melodía que utilizaremos en esta lección, pero también porque estas posiciones son las más apropiadas para los bajos simples de ambos acordes. La figura siguiente ilustra este cambio:

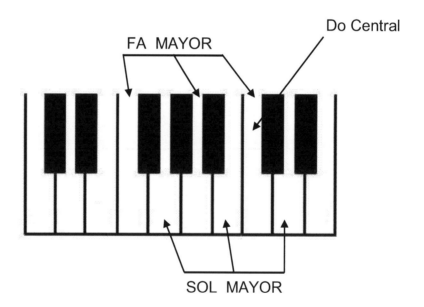

Naturalmente, las notas graves de los acordes de FA y de SOL deberán tocarse igual que lo hemos hecho con el acorde de DO, es decir, ubicándolas una octava debajo de su primera nota. Construya el Bajo Simple de ambos acordes en el teclado de acuerdo con las ilustraciones que para cada uno de ellos reproducimos a continuación.

BAJO SIMPLE DE FA:

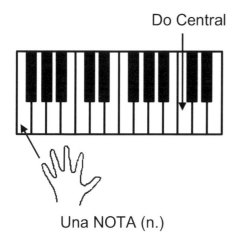
Una NOTA (n.)

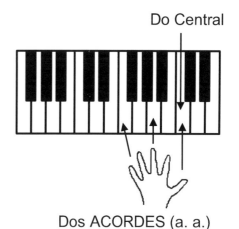
Dos ACORDES (a. a.)

BAJO SIMPLE DE SOL:

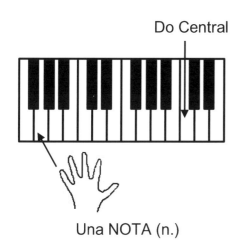
Una NOTA (n.)

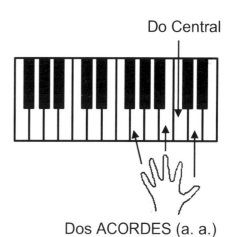
Dos ACORDES (a. a.)

Practique primero separadamente cada acorde en Bajo Simple, el de DO, el de FA y el de SOL, utilizando la medida de 3/4. Cuando considere que su ejecución ha sido dominada y puede tocar los tres acordes cómodamente, proceda a combinarlos repitiéndolos alternativamente, en el orden de las progresiones conocidas de la tonalidad de DO:

1) DO – FA – DO – FA . . . etc . . . . DO.

2) DO – SOL – DO – SOL . . . etc. . . . . DO.

3) DO – FA – SOL – DO – FA – SOL . .etc.. . DO.

Con la práctica suficiente de este ejercicio preliminar, estará en condiciones de emprender el estudio de la única melodía que vamos a estudiar en la presente lección. Pero es importante que recuerde que no deberá usted pasar a ella hasta que la ejecución de los bajos simples de DO, FA y SOL, en las distintas formas que acabamos de ver, *haya sido completamente dominada.*

11. EL SIGNO DEL BEMOL (b).

En la melodía que estudiaremos ahora hay un signo nuevo cuyo significado debemos explicar previamente. Se trata del signo del **bemol (b)** que tiene la misma importancia que el signo del sostenido. Con el bemol se designa también a las teclas negras del piano, aunque en sentido inverso al signo del sostenido, es decir, que el nombre de la tecla negra no deriva en este caso de la tecla blanca que le antecede sino de la que le sigue inmediatamente después. Esto significa que cualquier nota del pentagrama que tenga un signo bemol antes de ella, deberá tocarse en la tecla negra contigua situada a su lado izquierdo.

Las cinco teclas negras del piano, consideradas como bemoles, se escriben en el pentagrama de la manera siguiente:

Todas las notas negras pueden ser, por consiguiente, sostenidos o bemoles. Son sostenidos cuando se les designa por la nota blanca que les antecede –como lo vimos en la lección pasada–, y bemoles cuando su nombre proviene de la nota blanca que está a su lado derecho. La primera tecla del grupo de dos, por ejemplo, puede ser al mismo tiempo un *do#* o un *reb*, la siguiente un *re#* o un *mib*, etc.:

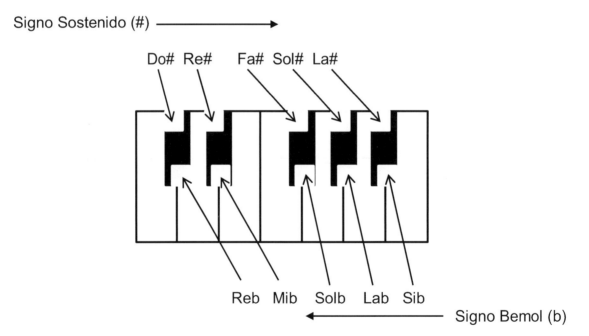

PRACTICA *("Santa Lucía")*.

En los ritmos ternarios que emplean un compás de 3/4 (como el *valse*, por ejemplo), el Bajo Simple resulta una forma de acompañamiento muy satisfactoria. Para la armonización de la melodía que ahora veremos nos serán útiles los bajos simples que se practican en la presente lección, o sea los que corresponden a los acordes de DO, FA y SOL. Como sabemos, estos son los acordes básicos de la tonalidad de do, lo que significa que volveremos a ocuparnos de este tono. Es importante que tenga presente en esta práctica las siguientes instrucciones:

1) Principie tocando la melodía con las octavas de la mano derecha y repase su lectura cuantas veces sea necesario hasta que pueda ejecutarlas rítmicamente.

2) Enseguida, emplee el mismo procedimiento con la mano izquierda tocando los bajos simples de todos los acordes en el orden en que vienen escritos, del primero al último compás. Persista en esta práctica hasta que sienta que todo el acompañamiento está bien encuadrado en el ritmo.

3) Dominado lo anterior, proceda a tocar juntas ambas manos procurando sincronizarlas lo mejor posible. En las octavas de la melodía, como en el segundo compas, deberá esforzarse en igualar las notas de manera que se continúen en el tiempo siguiente sin interrupción en la medida.

Al practicar esta melodía tendrá que vencer varios obstáculos, pero tenga presente que si usted estudia *despacio* y con suficiente *constancia*, progresará rápidamente.

"SANTA LUCIA"

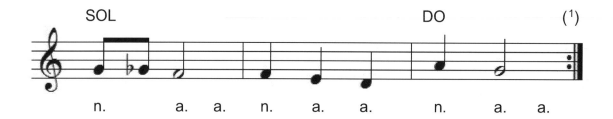

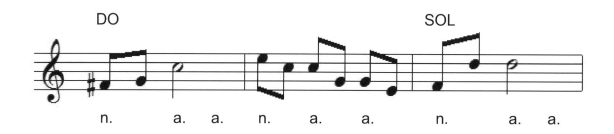

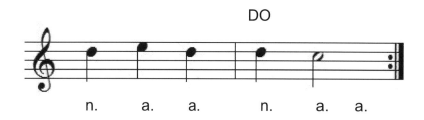

SOLUCION AL PROBLEMA DE LA LECCION N° 5.

Ejercicio N° 3 (*"Las Mañanitas"*).

Acordes: SOL   RE   SOL   DO   SOL   RE   SOL   RE   SOL
Compases: 1 – 2 – 3 – 4 – 5 – –   6 – 7 – 8

[1] La doble barra con puntos indica repetición desde el principio –los 8 compases en este caso–.

LECCION Nº 7

EL USO DEL PEDAL

*"La música es una revelación más excelsa que
toda la sabiduría y la filosofía".* Beethoven.

I. EL BAJO SIMPLE EN EL COMPAS DE 4/4.

Una vez que se ha aprendido a utilizar el Bajo Simple en un ritmo ternario (3/4) como lo estudiamos es la lección pasada, su aplicación en el compás de 4/4 no ofrecerá ninguna dificultad. En efecto, basta tocar primero la nota grave y enseguida tres acordes –no dos como al principio– para que el acompañamiento se complete.

Existe, sin embargo, otra posibilidad. Cuando se combinan notas graves y acordes en un Bajo Simple, las notas graves entran siempre en el tiempo fuerte del compás, es decir, en el primer tiempo. Ahora bien, como el compás de 4/4 es en esencia un compás binario, se puede considerar también como tiempo fuerte al tercero, lo cual permite construir un Bajo Simple más corto todavía. En vez de una nota grave y varios acordes, se tocan alternativamente una nota grave y un acorde cada dos tiempos, coincidiendo las notas graves en los tiempos primero y tercero del compás.

El Bajo Simple en el compás de 4/4 se puede hacer, por consiguiente, de dos maneras:

1) n. a. a. a.   2) n. a. n. a.

Al utilizar la nota grave en el tercer tiempo, como lo muestra la segunda opción, el acompañamiento es más rítmico y de ahí que se deba preferir su empleo en melodías de ritmo muy acentuado.

Es posible también que estas dos formas se combinen, lo que permitirá que el acompañamiento resulte más flexible y rico. Para las dos melodías que veremos en nuestra presente lección, seguiremos el método de combinar ambas formas ateniéndonos simplemente al cambio de las armonías. Quiere decir que si el compás, por ejemplo, está dominado por una sola armonía, el Bajo Simple que hagamos será de una nota grave y tres acordes.

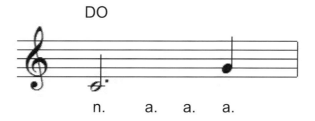

Pero si en el compás intervienen dos armonías diferentes, coincidiendo la segunda en el tercer tiempo, la forma de Bajo Simple que usaremos será la de una nota grave y un acorde, alternativamente:

En este último ejemplo, la primera nota grave y el acorde que le sigue corresponden al acorde de Do, que es la armonía dominante en los dos primeros tiempos del compás. La nota grave que viene después en el tercer tiempo, lo mismo que el acorde final, forman un Bajo Simple de FA, o sea el acorde que sustenta ahora a la melodía.

En general, conviene atenerse a esta regla en la elaboración de bajos simples en el compás de 4/4.

11. EL PEDAL.

Con el adelanto logrado hasta aquí estamos en posibilidad de comenzar a usar con ventaja el mecanismo del pedal. Aprender a servirse de este mecanismo en el piano es ventajoso no solo porque hará que se escuche mejor todo lo que usted toque, sino porque supone también un entrenamiento del oído.

Todos los pianos tienen, cuando menos, dos pedales: el derecho que sirve para ampliar la sonoridad y el izquierdo que se emplea para reducirla. En nuestro Curso Básico vamos a aprender a utilizar el pedal derecho, por ser el más importante de los dos. Se encuentra en el lado derecho del piano al sentarnos para tocar.

A fin de que pueda comprender con exactitud el mecanismo del pedal derecho, empiece por tocar una nota cualquiera del piano sin pedal alguno y suéltela después de algunos segundos, cortando la sonoridad. Enseguida, vuelva a hacer lo mismo pero esta vez presionando el pedal derecho en el momento en que da usted la nota, y más o menos con la duración que usó anteriormente suelte de nuevo la tecla conservando la presión de su pie sobre el pedal. El resultado será que la segunda vez continuará usted escuchando la nota como si no hubiera retirado su dedo de ella. Pero además, si escucha con atención, notará una diferencia entre ambos sonidos, pues aunque se hayan tocado con igual intensidad, el segundo es más amplio y parece vibrar más que el primero. La explicación es muy sencilla. Cada vez que hacemos vibrar una cuerda del piano al tocar una tecla, ponemos en acción un delicado mecanismo de *apagadores* cuya función es la de controlar su sonoridad. El apagador presiona sobre la cuerda para impedir que esta siga vibrando apenas soltamos la tecla. Pues bien, el objeto del pedal derecho es precisamente el de evitar que eso suceda. Cuando se le acciona, el pedal mantiene todos los apagadores a distancia de las cuerdas con lo que su vibración puede prolongarse hasta su extinción natural. El sonido continuará aunque usted suelte la tecla, y además, se reforzará por la vibración simpática (*resonancia*) de otras cuerdas que también han quedado libres.

Para presionar el pedal basta la extremidad delantera del pie. El talón debe apoyarse en el suelo, y desde esta posición, servir de sostén a la acción del pie sobre el pedal.

La técnica que nosotros vamos a emplear aquí es la que se conoce como *pedal a compás.* Consiste en utilizarlo en los tiempos fuertes del compás, que por regla general, son los que determinan los cambios de la armonía. Lo que debe evitarse siempre es que las armonías se confundan y de aquí que resulten ser la mejor guía para los cambios del pedal. La nota grave del bajo en el tiempo fuerte deberá tocarse simultáneamente con el pedal, es decir, coincidir exactamente con la presión del pie sobre este. El pedal deberá prolongarse hasta que se requiera nuevamente su uso en el siguiente tiempo fuerte (la nota grave siguiente).

El empleo del pedal es un arte muy sensitivo que depende considerablemente del oído del ejecutante. Si se intentara dar fórmulas precisas abundarían más las excepciones que las reglas. Pero si usted empieza por ejercitarse en su manejo en la forma indicada, aprenderá fácilmente a controlarlo. Todo lo que deberá hacer será presionar simultáneamente el pedal derecho con cada nota grave que tenga que dar en la mano izquierda (en compases de 3/4 y 4/4), y mantenerlo en esa posición hasta que necesite emplearlo de nuevo en la siguiente nota grave.

Los dos compases iniciales de la primera melodía que estudiaremos en esta lección, nos sirven aquí para ilustrar el uso del pedal en los acompañamientos de Bajo Simple.

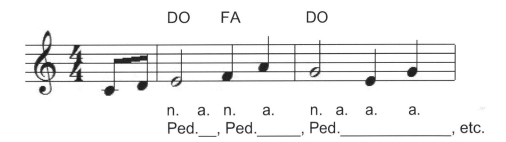

III. PARTE PRACTICA.

En el estudio de las dos melodías que veremos ahora, proceda en la misma forma que lo hizo con la melodía anterior. Empiece por tocar la melodía con la mano derecha hasta que pueda ejecutarla con facilidad, practique enseguida los bajos simples de su izquierda y junte finalmente las dos manos una vez que considere que puede dominarlas separadamente.

El pedal deberá combinarlo al último, ya cuando la ejecución de la pieza ofrezca ninguna dificultad. Conviene que la toque primero con los bajos simples de su mano izquierda –un pedal por cada compás– y escuche atentamente el cambio de las armonías, cuya sonoridad deberá estar controlada con la mayor exactitud posible por el pedal.

EJERCICIO N° 1 *("Hogar, Dulce Hogar").*

El movimiento de esta melodía es tranquilo, casi lento y su carácter muy melódico. Se toca en la tonalidad de Do. Naturalmente, su acompañamiento se construye con los bajos simples de los acordes de DO, FA y SOL, que ha aprendido ya a tocar en la melodía de la lección pasada.

Estudie esta melodía hasta tocarla bien y no continúe con la siguiente sino después de que lo haya logrado satisfactoriamente.

EJERCICIO N° 2 *("Auld Lang Syne")*.

Esta popular melodía escocesa, de carácter muy diferente, se debe tocar con un ritmo preciso y acentuado. Los acordes del acompañamiento son los de SOL, DO y RE, es decir, los acordes básicos de la tonalidad de Sol en que está escrita la pieza. Los bajos simples de estos acordes se construyen en las mismas posiciones que hemos visto para ellas en el Bajo Simple del tipo elemental (Lección N° 5): el acorde SOL, a la altura de la nota sol que sigue del do central hacia la izquierda, y los acordes DO y RE inmediatamente debajo de este acorde principal:

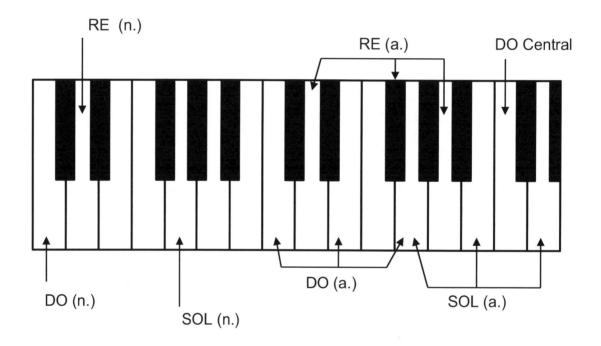

"HOGAR, DULCE HOGAR"

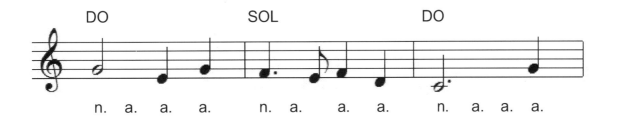

"AULD LANG SYNE"

RECOMENDACIONES.

Algunas consideraciones relacionadas con la posición de las manos y el modo correcto de sentarse en el piano son importantes para perfeccionar su aprendizaje. La mayor parte de las recomendaciones que se pueden hacer para lograr buenos hábitos en la postura, se basan en la idea principal de que toda ejecución debe hacerse con comodidad y flexibilidad. Lo que no contribuya a este propósito tiene que ser evitado. Algunas indicaciones, como las siguientes, son de utilidad:

1) El asiento que se use para tocar no deberá ser ni muy alto ni muy bajo. De ambos extremos, este último es el menos conveniente. Debe preferirse una altura que permita a los brazos mantenerse sin esfuerzo al nivel del teclado.

2) La distancia del asiento al piano puede variar según la longitud de los brazos. En cualquier circunstancia es aconsejable mantener una distancia que permita a la espina dorsal permanecer recta. Algunos ejecutantes suelen echar el cuerpo hacia adelante, lo que naturalmente dificulta el movimiento libre de los brazos (las deficiencias visuales pueden ser una de las causas). Con el cuerpo recto o ligeramente inclinada hacia atrás, la ejecución en el piano es más suelta y cómoda.

3) En general, la coordinación de los movimientos al tocar requiere que todas las partes del cuerpo (espalda, brazos, piernas) actúen en perfecta sincronía. Las tensiones y movimientos innecesarios que tienden a destruir este equilibrio deben evitarse; toda actividad que no esté encauzada a servir los propósitos de la ejecución resta energía nerviosa y facilita la aparición del cansancio. La economía en el esfuerzo se logra cuando el cuerpo se mantiene relajado y los movimientos se realizan con naturalidad y sin ninguna tensión.

LECCION Nº 8

NUEVOS RECURSOS DE ARMONIZACION

*"De todas las artes, la más accesible,
la más extendida, la más poderosa,
es la Música".* A. Bain.

I. INCREMENTO DE LAS ARMONIAS.

Los tres acordes básicos de la tonalidad, o sea los que se construyen en el I, el IV y el V grados de su escala, no son los únicos que podemos usar en la armonización de una melodía. Si bien ellos constituyen el soporte principal del edificio armónico, hay muchos acordes más que pueden emplearse con el objeto de enriquecer el acompañamiento. Al tocar una melodía en el tono de Do, por ejemplo, las posibilidades de su armonización no se limitan solo a los acordes de DO, FA y SOL, sino que es posible ampliar estos recursos introduciendo otras armonías que le den un nuevo colorido a la melodía.

Sabemos que en el piano se pueden hacer muchos acordes diferentes, y sin embargo, solo necesitaos unos cuantos acordes para dar riqueza y variedad al acompañamiento. Lo importante, será determinar cuáles son los acordes que más frecuentemente ocurren en una tonalidad dada, y una vez en posesión de este conocimiento, aprender a servirnos de ellos para enriquecer y mejorar la armonización de las melodías.

En el marco de una tonalidad puede darse el caso de que una melodía, correctamente armonizada, emplee hasta unos 15 acordes diferentes (incluidos los tres básicos). Naturalmente, el uso de otras armonías depende mucho de la melodía misma y también de las preferencias personales del arreglista o compositor.

Como en una lección posterior habremos de revisar los acordes que más frecuentemente se presentan en la tonalidad –lo que no podemos hacer todavía por la limitación actual de nuestro conocimiento de los acordes–, vamos a continuar nuestro estudio definiendo un nuevo tipo de estructura armónica cuya aplicación práctica veremos en las dos melodías de la presente lección.

II. EL ACORDE MENOR.

Los acordes con los que hemos venido trabajando hasta aquí, se les distingue como acordes **mayores**. Es el momento de que pasemos a examinar una nueva clase de acorde: el **acorde menor.** Se compone también de tres sonidos, como el mayor, y se diferencia de este solamente por una nota. En efecto, basta cambiar la nota de en medio de cualquier acorde mayor por la que se encuentra inmediatamente a su izquierda, para que el acorde se convierta en menor. El acorde de Do Mayor, por ejemplo, se vuelve menor si bajamos el mi central hacia la nota negra (un mib) que está contigua a su lado izquierdo:

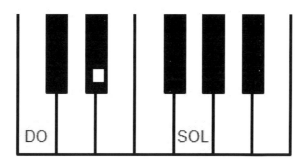

Esto significa que para construir un acorde menor debe procederse a la manera inversa de como se hace con el mayor, o sea que su fórmula es *4 + 5:*

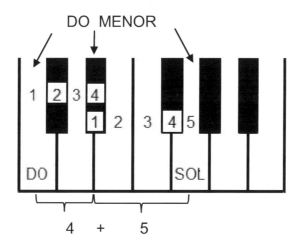

El acorde menor se toca con los mismos dedos que utilizamos en el acorde mayor, es decir, el meñique, el del medio y el pulgar, sobre la primera, la segunda y la última notas respectivamente.

Se representa al acorde menor con la letra **m** minúscula para diferenciarlo del mayor: DOm, REm, MIm, etc. Al igual que este se pueden hacer en el piano hasta 12 acordes menores diferentes, uno por cada nota del esquema básico. Conviene que usted se ejercite encontrando algunos de ellos en el teclado y escuchando con atención su sonoridad. Notará por comparación la diferencia de cualidad sonora que existe entre un acorde mayor (más afirmativo y brillante) y uno menor, al tocarlos sobre sobre la misma nota fundamental. Con un poco de práctica es posible reconocer esta diferencia sin necesidad de verlos en el piano, es decir, haciendo que alguien más los toque e indicando en cada caso si se trata de un acorde mayor o de un menor. Los entrenamientos de este tipo son convenientes si se desea perfeccionar la apreciación auditiva en la práctica de la armonización.

III. RESUMEN DE ACORDES MAYORES Y MENORES.

Con el estudio del acorde menor completamos nuestro conocimiento de los 24 acordes básicos del teclado (12 mayores y 12 menores).

ACORDES MAYORES		ACORDES MENORES	
DO............	do–mi–sol	DOm............	do–mib–sol
Reb (DO#).........	reb–fa–lab	DO#m (REbm)......	do#–mi–sol#
RE.............	re–fa#–la	REm............	re–fa–la
Mib (RE#).........	mib–sol–sib	RE#m (MIbm)......	re#–fa#–la#
MI.............	mi–sol#–si	MIm............	mi–sol–si
FA.............	fa–la–do	FAm............	fa–lab–do
SOLb (FA#)........	solb–sib–reb	FA#m............	fa#–la–do#
SOL............	sol–si–re	SOLm............	sol–sib–re
LAb (SOL#).......	lab–do–mib	SOL#m (LAbm)....	sol#–si–re#
LA.............	la–do#–mi	LAm............	la–do–mi
SIb (LA#).........	sib–re–fa	LA#m (SIbm).......	la#–do#–fa
SI.............	si–re#–fa#	Sim............	si–re–fa#

(Los acordes mayores sobre teclas negras se escriben preferentemente como bemoles: MIb, LAb, etc. Con los acordes menores ocurre a la inversa: DO#m, FA#m, etc.)

IV. PARTE PRACTICA.

Las dos melodías que vamos a practicar en esta lección tienen por objeto reafirmar lo que usted conoce ya sobre los bajos simples, pero además, veremos en ellos no solo los acordes básicos de la tonalidad –que por estar ambas en Sol corresponden a los acordes mayores de SOL, DO y RE–, sino también otras armonías que le darán un nuevo interés al acompañamiento.

Al practicar estas melodías proceda en la forma acostumbrada: estudie primero cada mano por separado y una vez superada su dificultad, júntelas y haga empleo del pedal.

Veamos ahora lo más importante de cada melodía.

EJERCICIO Nº 1 *("La Viuda Alegre")*.

Con este famoso valse de Lehar volvemos una vez más al compás de 3/4. La principal innovación, aparte del empleo de otras armonías que seguidamente examinaremos, es el de la *ligadura* que se emplea para unir dos notas iguales. Cuando aparece este signo " ⁀ " conectando dos notas contiguas del mismo nombre, como en el ejemplo siguiente, la segunda no se toca, sirviendo solo para prolongar más la duración de la primera nota (en este caso un compás más):

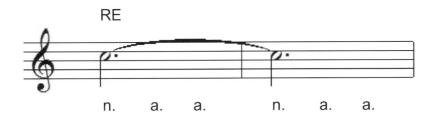

Aquí la mano derecha sostiene la octava do de la melodía durante los dos compases, mientras la izquierda ejecuta dos bajos simples sobre el acorde de RE mayor.

Las nuevas armonías que utilizaremos en nuestra melodía son únicamente tres: el acorde de SI Mayor y los acordes menores de LA y de MI (SI, LAm y MIm). El acorde de SI Mayor consta de las notas si, re# y fa#, y su Bajo Simple deberá tocarlo al lado del que le corresponde a DO Mayor, una octava abajo. Continúe empleando los tres dedos habituales para su acorde (el del medio y el pulgar sobre las dos teclas negras). El acorde LAm (la–do–mi) viene enseguida del acorde de SI Mayor, también una nota abajo, y el de MIm arriba de estos dos, en la posición contigua al acorde de RE Mayor. Recuerde que las notas graves de estos acordes deben hacerse una octava abajo de su primera nota o nota fundamental:

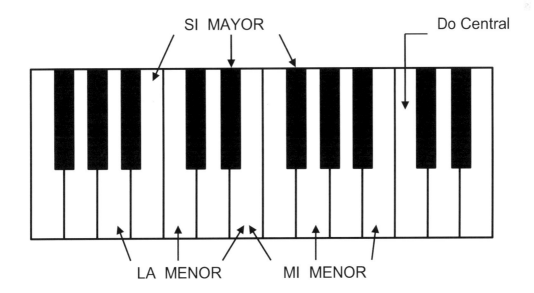

"LA VIUDA ALEGRE"

Valse.

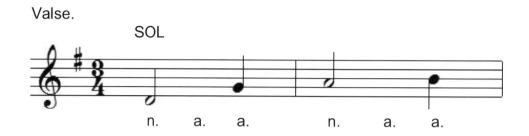

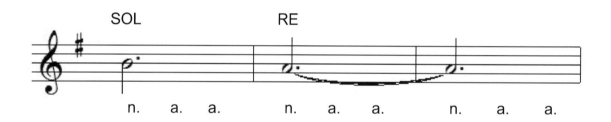

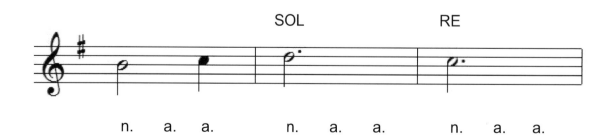

EJERCICIO N° 2 *("Adeste Fideles")*.

Como en la melodía anterior, emplearemos aquí también la tonalidad de Sol, pero esta vez usando un compás de 4/4. Volveremos a utilizar el acorde de MI Menor como armonía secundaria y solamente un nuevo acorde: LA Mayor (la–do#–mi). La figura siguiente ilustra la posición en que deberá hacer el Bajo Simple de este acorde, que es la misma que hemos visto para su correspondiente menor en la melodía pasada:

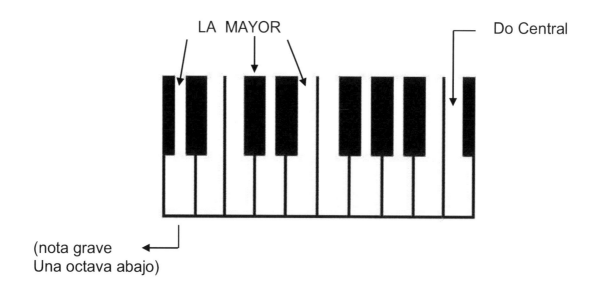

"ADESTE PIDELES"

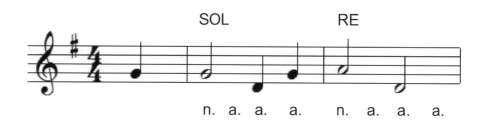

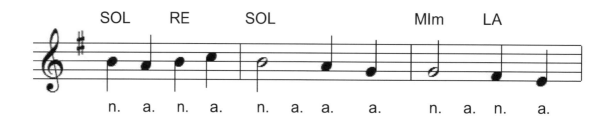

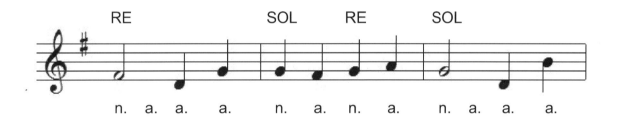
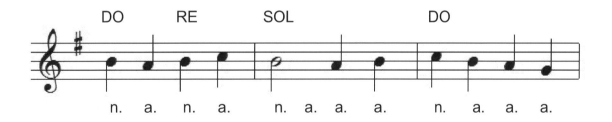

LECCION Nº 9

LA TONALIDAD MENOR

"La música compone los ánimos descompuestos y alivia los trabajos que nacen del espíritu" Cervantes.

I. LOS MODOS MAYOR Y MENOR..

Como sabemos, en el teclado se pueden formar dos series de notas consecutivas: la que incluye todos los sonidos (12 en total) del esquema básico, llamada *serie cromática*, y la que utiliza solamente 7 de estos sonidos, o sea la *serie diatónica* que conocemos en la práctica como tono o tonalidad. Para establecer una tonalidad, basta con conocer las distancias que existen entre sus motas, lo que puede hacerse con el uso de la fórmula: 3+3+2+3+3+3+2, En el caso de la tonalidad de Do, esto no es necesario, puesto que su escala está representada por las teclas blancas del piano. Tratándose de otras tonalidades, sin embargo, será necesario recurrir a dicha fórmula hasta quedar familiarizados con ellas.

Las 7 notas que forman lo que denominamos serie diatónica, representan solo una de las muchas combinaciones que pueden hacerse para ordenar una escala de 7 notas diferentes en el espacio de una octava. Pero el uso exclusivo de esta escala convencional a lo largo de muchos siglos, la convirtió en la estructura básica sobre la que opera nuestra música en Occidente. Tan acostumbrados estamos a ella que incluso muchos teóricos han llegado a considerarla como la *escala natural.* Al lado de esta serie existe también otra que tiene para nuestra música casi la misma importancia: consta igualmente de 7 notas y forma con aquélla la dualidad que se ha dado en denominar los **modos mayor y menor.** La serie diatónica, por consiguiente, debe considerarse conteniendo estas dos posibilidades: un modo mayor, que es precisamente el que hemos estado viendo hasta aquí, y un modo menor, que se diferencia del anterior solamente por la alteración de dos de sus notas. Este cambio se hace en la tercera y en la sexta notas de su escala, *bemolizándolas*, lo que convierte a la serie diatónica del modo mayor en su respectivo menor. Veámoslo prácticamente.

Si a la escala de la tonalidad de Do (modo mayor) representada en las teclas blancas del piano, cambiamos su tercera y su sexta notas (mi y la) por las que están contiguas a su izquierda, es decir, por sus correspondientes notas bemoles, el resultado será una nueva escala de la misma tonalidad pero del modo menor:

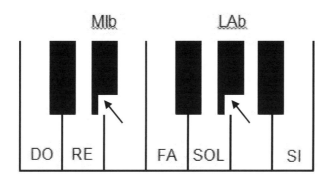

La escala original, integrada por las 7 teclas blancas del piano, es la que corresponde a la **tonalidad de Do Mayor;** la que hemos obtenido ahora, con un *mi* y un *la* bemoles, pertenece a la **tonalidad de Do Menor**. La figura siguiente representa su fórmula:

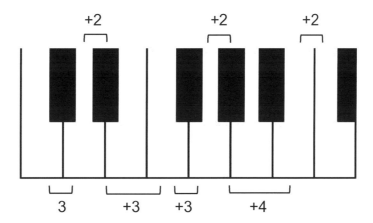

La relación 3+2+3+3+2+4+2 expresa el modo menor de la serie diatónica en general, por lo que es posible servirse de ella a partir de cualquiera de los doce sonidos del esquema básico, Esto significa que en el piano podemos obtener también, como en el caso de los tonos mayores, hasta 12 tonalidades menores diferentes. Si la tonalidad mayor es conocida, bastará con cambiar su tercera y su sexta notas por las que se encuentran a su izquierda para que se transforme en una tonalidad menor.

Si ahora toca usted sucesivamente las notas de las dos tonalidades –en la escala de Do, por ejemplo–, notará la diferencia de cualidad sonora que existe entre ambas. El modo mayor es afirmativo y dinámico; el modo menor, en cambio, es más suave y sensible. De aquí que mucha música alegre y brillante se escriba en tonalidades mayores, mientras que otros géneros de música, como las marchas fúnebres o los tangos, por ejemplo, se escriban preferentemente en tonalidades menores.

Como en la presente lección estudiaremos dos melodías escritas en el modo menor, conviene detenernos un poco más en el examen de sus principales características.

II: LOS TRES ACORDES BASICOS DEL MODO MENOR.

También en las tonalidades menores los grados I, IV y V suministran los tres acordes más importantes de su jerarquía. Aquí, sin embargo, hay una diferencia respecto a la composición de estos acordes, pues las alteraciones en la tercera y la sexta notas de la escala influyen en su composición.

Sabemos que los tres acordes básicos reúnen todos los sonidos que forman la escala de la tonalidad y que a esa razón debe atribuirse su gran eficacia en la armonización de las melodías. Si se analiza un acorde desde este punto de vista, se verá que es posible también deducirlo de la escala, combinando alternativamente una nota sí y otra no de las que forman la serie. En el tono de Do, por ejemplo, el acorde de DO Mayor se compone de las notas do, mi y sol, que son alternativas respecto a las notas re y fa intermedias. Lo mismo puede decirse de los acordes FA Mayor y SOL Mayor, construidos con notas alternas de la escala, siempre una de cada dos.

Al hacer lo mismo sobre la escala de una tonalidad menor, los acordes que obtenemos en los grados I y IV son menores, debido a la alteración en la tercera y la sexta notas de la escala que entran en la composición de estos acordes. En el tono de Do Menor, por ejemplo, los acordes básicos del I y del IV grados de su escala son respectivamente DOm (do–mib–sol) y FAm (fa–lab–do), que contienen estas alteraciones. Pero el acorde del V grado sigue siendo el mismo del modo mayor, es decir, SOL Mayor, ya que las notas sol, si y re que lo forman no han sufrido ningún cambio.

Practique a continuación las tres progresiones más importantes de la tonalidad (I–V–I, I–IV–I y I–IV–V–I) con el I y IV grados como acordes menores, en el tono de Do Menor, y estime auditivamente la diferencia de cualidad sonora que se obtiene con este cambio respecto a estas mismas progresiones en el modo mayor correspondiente.

III. EL SIGNO DEL BECUADRO (♮).

En las dos melodías de esta lección vamos a emplear un nuevo signo cuya importancia es análoga a la del sostenido y el bemol. Se denomina **becuadro** (♮) y se le utiliza para anular las alteraciones de las notas (sean sostenidos o bemoles) restituyéndolas a su posición original. Cualquier nota que haya sido alterada por el sostenido o el bemol indicados al comienzo del pentagrama, recupera su condición *natural* empleando el signo del becuadro antes de ella con lo que se anula su alteración:

Los sostenidos o bemoles que aparecen incidentalmente en un compás, afectan no solamente a la nota que acompañan sino también a todas las que son iguales a esta y pueden venir escritas después de ella en el mismo compás. El becuadro sirve también para anular esa alteración cuando no se la desea:

Se deberá repetir el becuadro cada vez que se desee anular una alteración de sostenido o bemol, ya que es válido solo para la nota junto a la cual aparece y las notas iguales que puedan seguirle en el mismo compás.

IV. EL ACORDE DE SEPTIMA.

Los acordes que hemos venido utilizando hasta aquí (acordes mayores y menores), son todos estructuras armónicas que se forman con la combinación de tres sonidos diferentes. La Armonía los designa con el nombre de *triadas* o *acordes perfectos*. Vamos a ver ahora un nuevo tipo de acorde cuya composición incluye un sonido más, es decir, un acorde formado por 4 sonidos diferentes al cual se le distingue con el nombre de **acorde de séptima**. (El término *séptima* de uso tradicional, se debe a que el intervalo que se forma entre la primera y última notas del acorde es una séptima).

El acorde de Séptima que analizaremos primero se compone de las mismas tres notas que forman el acorde mayor y una más, situada esta última unas teclas más arriba. La distancia de esta nota respecto al acorde mayor, según el sistema de medición que hemos venido usando aquí, es igual al 4, lo que quiere decir que la estructura del acorde de Séptima equivale a un acorde mayor + 4, o sea que su fórmula se expresa como 5 + 4 + 4.

Veamos su construcción en el teclado a partir de la nota sol, que nos da este acorde en teclas blancas:

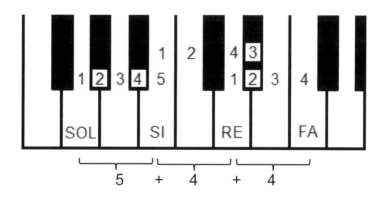

Para tocar este acorde con la mano izquierda, deberá usar el dedo meñique, el de enmedio, el índice y el pulgar, tal como se indica en la figura siguiente:

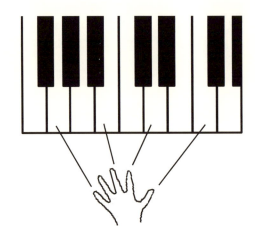

Los mismos dedos deberán usarse para todos los acordes de Séptima que se construyan en le piano. La dificultad inicial en la ejecución de este acorde se supera con la práctica. Al principio puede serle un poco difícil producir los cuatro sonidos al mismo tiempo, pero practicando suficientes veces logrará que todas las notas suenen juntas y con igual intensidad.

El acorde de Séptima se expresa con un número 7 agregado al nombre del acorde. El ejemplo anterior, que corresponde al acorde de Séptima de Sol, se escribe como SOL7. A continuación la lista de los 12 acordes de Séptima que se pueden hacer en el teclado:

ACORDES DE SEPTIMA

DO7......................	do–mi–sol–sib
REb7.....................	.reb–fa–lab–si
RE7......................	re–fa#–la–do
Mib7 (RE#7)...............	mib–sol–sib–reb
MI7.......................	mi–sol#–re–si
FA7.......................	fa–la–do–mib
SOLb7....................	solb–sib–reb–mi
SOL7.....................	sol–si–re–fa
LAb7 (SOL#7)..............	lab–do–mib–solb
LA7......................	la–do#–mi–sol
SIb7 (LA#7)...............	sib–re–fa–lab
SI7......................	si–re#–fa#–la

Con esta lista se eleva a 36 el número de acordes que estamos en posibilidad de utilizar en el piano (12 acordes mayores, 12 acordes menores y 12 acordes de séptima). Es conveniente que usted se ejercite formando diversos acordes de los tres tipos con ayuda de las fórmulas que ya conoce, y verifique su exactitud sirviéndose de las listas incluidas en esta y en la lección pasada.

V. PARTE PRACTICA.

Las dos melodías que estudiaremos ahora están escritas en tonos menores, la primera en Do Menor y la segunda en Sol Menor. Proceda con ellas en la misma forma que ha venido haciéndolo con las melodías anteriores.

EJERCICIO N° 1 *("Ojos Negros")*.

El pentagrama que usaremos en esta melodía y que es el que sirve para la tonalidad de Do Menor, tiene tres bemoles: sib, mib y lab. Los dos últimos corresponden a las notas que están bemolizadas en la escala, o sean su tercera y su sexta notas. (El sib merece una explicación: en sus orígenes, la tonalidad menor no llevaba la distancia 4 entre su sexta y séptima notas –ver la fórmula–, sino una distancia de 3 más corta, lo que naturalmente implicaba el uso del sib en vez del si natural en el caso del tono Do Menor. Si bien la escala menor que empleamos ahora es diferente de aquélla, sigue usándose el mismo pentagrama de la tonalidad original). Tenga presente durante la lectura de esta melodía que las notas si, mi y la que usted encuentre están bemolizadas, a menos que el signo del becuadro las vuelva a su posición original, como ocurre precisamente con la nota si.

Los acordes que utilizará en esta melodía son los siguientes: DOm, FAm, SOL Mayor y SOL7, o sean el I, IV y V grados de la tonalidad, este último en dos formas: como acorde mayor y como acorde de séptima. Construya los bajos simples de cada uno de estos acordes en las mismas posiciones de los acordes respectivos del modo mayor, es decir, el DOm una octava debajo del do central y los acordes de FAm y SOL Mayor arriba del acorde de DO Mayor.. El bajo simple del acorde SOL7 deberá hacerlo también en la posición del acorde SOL Mayor..

EJERCICIO N° 2 *("Ondas del Danubio")*

Para este valse, escrito en la tonalidad de Sol Menor, haremos uso de 6 acordes diferentes: SOLm, DOm, RE Mayor, RE7, FA7 y SI Mayor. Los cuatro primeros corresponden a los grados I, IV y V de la tonalidad, respectivamente (el V grado como RE Mayor y RE7). Toque los bajos simples de estos acordes básicos (SOLm, DOm, RE mayor y RE7) en las posiciones acostumbradas (SOL Mayor, DO Mayor y RE Mayor del modo mayor). Construya el FA7 (fa–la–do–mib) en la nota fa que está debajo del do central –o sea la misma posición que hemos usado para el bajo simple del acorde FA Mayor–, y el SIb Mayor (sib–re–fa) en la región grave, contigua al acorde DOm.

Recuerde que todas las notas si y mi de la melodía están bemolizadas.

"OJOS NEGROS"

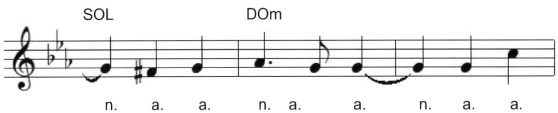
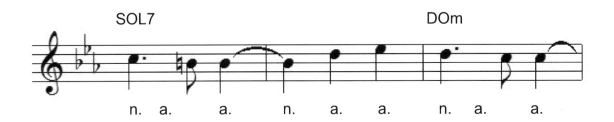
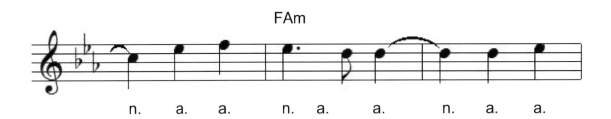
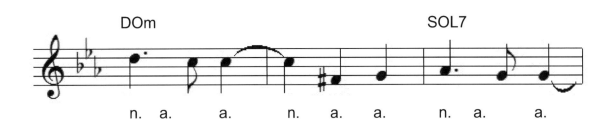
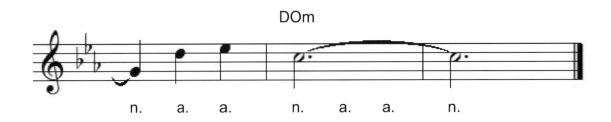

"ONDAS DEL DANUBIO"

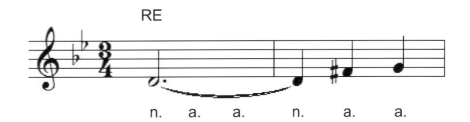

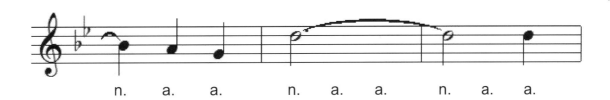
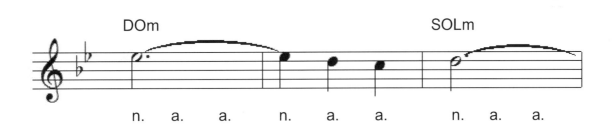
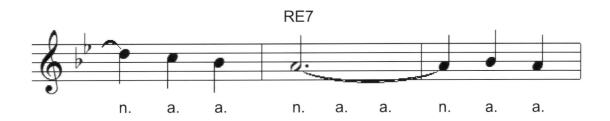

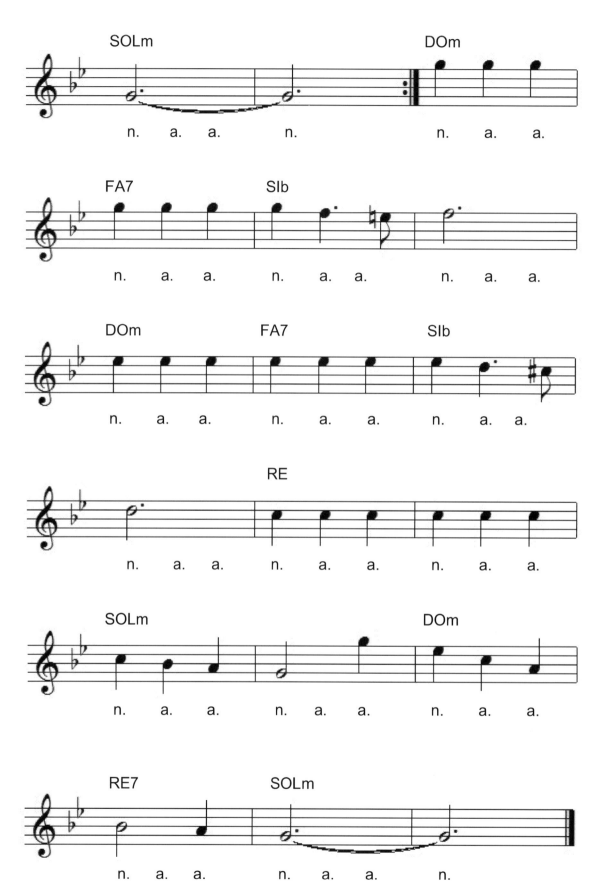

LECCION N° 10

RECONSTRUCCION DE LOS BAJOS SIMPLES

> *"La música es el mayor bien que los mortales conocen y cuanto del cielo hay en la tierra"*　　J. Addison.

I. LAS INVERSIONES DE LOS ACORDES.

Dos importantes modificaciones en los acompañamientos de la mano izquierda con bajos simples serán examinadas en la presente lección: las **inversiones de los acordes** y el **bajo simple alterno.**

Invertir un acorde significa desplazarlo hacia nuevas posiciones en el teclado cambiando para hacerlo el orden en la distribución de sus notas. Este desplazamiento puede hacerse, partiendo de su estructura inicial, en dirección ascendente o descendente. El procedimiento es simple. Basta cambiar de su sitio original a la primera nota del acorde colocándola como última –o a la inversa, ésta como primera–, para que el acorde entre en inversión. Veámoslo prácticamente.

Toque con su mano izquierda el acorde de DO Mayor en su posición normal, esto es, sobre la nota do que se encuentra una octava abajo del do central. A continuación, suelte su primera nota (el do) y llévela una octava más arriba, precisamente hacia el do central. Efectuado este cambio, el acorde habrá quedado en este orden: mi–sol–do, que corresponde a su *primera inversión*. Si ahora repetimos el mismo procedimiento con la nota siguiente mi, llevándola una octava más arriba, el resultado será la *segunda inversión* (última posible de este acorde). El orden de sus notas es ahora: sol–do–mi. Un nuevo cambio con la nota sol, moviéndola hacia arriba, volverá al acorde a su posición original, pero ahora una octava más arriba.

Las digitaciones que se emplean para las dos inversiones que se pueden hacer en los acordes mayores y menores de tres notas, se ilustran a continuación:

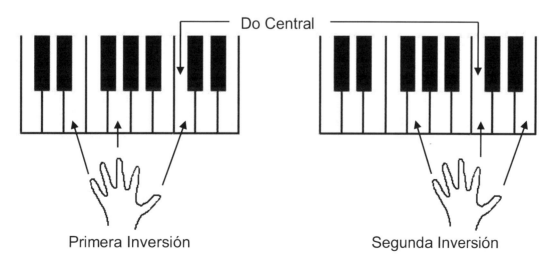

Primera Inversión　　　　　　　　　Segunda Inversión

Los mismos dedos representados en la figura anterior son válidos para las inversiones de todos los acordes mayores y menores.

El desplazamiento de los acordes por medio de sus inversiones, permite que se puedan hacer acompañamientos más sólidos y equilibrados en los bajos simples. Empleando este recurso, se logra que los acordes de estos bajos, por diferentes que sean entre sí, se sitúen siempre próximos en su distribución, lo que hará que la armonización resulte más grata al oído.

En lo sucesivo, deberá seguir las siguientes instrucciones para todos los acordes de bajos simples que usted utilice en sus acompañamientos:

1) Construya los acordes (empleando una de sus inversiones o la posición original si ésta coincide) de la mitad del teclado hacia la izquierda, más o menos la extensión comprendida entre la nota fa que está arriba del do central y la octava inmediata inferior de este fa:

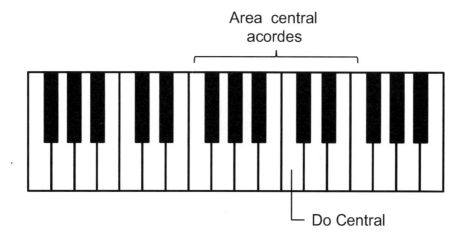

2) No siga la regla anterior de una manera rígida. Cuando la melodía desciende bastante, el acorde deberá tocarse más abajo, pero procure situarlo tan próximo al área indicada como sea posible.

3) En general, los acordes del acompañamiento deberán sucederse uno al otro lo más próximos ente sí, según lo permitan los cambios de posición que se operan en ellos.

Practique a continuación las inversiones de algunos acordes –con preferencia los que usted ya conoce–, a fin de asegurar su ejecución, y enseguida, observando las reglas anteriores, construya sus bajos simples seleccionando las posiciones que les convengan –sean originales o inversiones– dentro del área central arriba mencionada, Recuerde que en la primera inversión de su acorde, utiliza los mismos dedos de la posición original, pero en la segunda, deberá cambiar el dedo del medio por el dedo índice. (Los acordes de séptima, por estar compuestos de 4 notas, tienen tres inversiones. Los dedos que se emplean en ellos son los mismos de la posición original, exceptuando la tercera inversión en donde es más cómodo usar el dedo anular en vez del dedo de en medio).

Al final de la presente lección se incluye una lista de las posiciones correctas de todos los acordes en los acompañamientos de Bajo Simple que podrá consultar con fines de rectificación.

11. EL BAJO SIMPLE ALTERNO.

Todo Bajo Simple consta de dos elementos: la nota grave que le sirve de base y el acorde. Se llama **Bajo Simple Alterno** al Bajo Simple que combina, en una misma armonía, más de una nota grave como base. Su propósito es dar variedad al acompañamiento cuando un mismo acorde debe repetirse varias veces.

Las tres notas que forman un acorde mayor o menor (y también las tres primeras de un acorde de séptima) reciben sucesivamente –en la posición original del acorde–, estos nombres: **fundamental, tercera** y **quinta.** La nota fundamental, o sea la primera nota del acorde, es la más importante de las tres y es la que hemos estado empleando hasta ahora como nota grave en el Bajo Simple. Pero también es posible usar las otras, y de ellas, la quinta es la que sigue en importancia a la fundamental. Alternando la fundamental y la quinta de un acorde, se puede obtener un Bajo Simple más rico y consistente. Por ejemplo, el Bajo Simple del acorde de DO Mayor, cuando se toca varias veces, se escucha mejor como Bajo Simple Alterno:

```
    n.   a.   a.    n.   a.   a.    n.   a.   a.   etc.
   (do).          (sol)           (do)
```

Al hacer el cambio a la nota sol, esta se toca más abajo de la nota do inicial, pues el bajo alterno es preferible cuando la quinta se desplaza a la fundamental de abajo hacia arriba.

En el empleo de los bajos alteros el oído juega un papel determinante, pues a semejanza de lo que ocurre con el uso del pedal, las excepciones abundan más que las reglas. Veamos un ejemplo. Tome como forma de acompañamiento la progresión I–V–I en el tono de Do Mayor (DO–SOL–DO), con ritmo de 3/4. Haga dos compases por cada acorde utilizando el Bajo Simple Alterno que combina fundamental y quinta (en DO Mayor, las notas graves do y sol, y en SOL Mayor, las notas graves sol y re). Al pasar del Bajo Simple de DO Mayor al de SOL Mayor, después de dos compases, encontrará que la primera nota grave del nuevo acorde (SOL Mayor) es precisamente la quinta del acorde anterior (DO Mayor) que acaba de tocarse. Pero si en vez de empezar el Bajo Simple de SOL Mayor con su fundamental se inicia con su quinta, es decir la nota grave re, el resultado será un Bajo simple más equilibrado y armonioso:

```
DO Mayor ( I )          SOL Mayor ( V )         DO Mayor ( I )
  n.   a.   a.    n.   a.   a.    n.   a.   a.    n.   a.   a.    n.   .
 (do).          (sol)           (re)           (sol)           (do)
```

En este ejemplo, el Bajo Alterno de SOL Mayor se toca al contrario del de DO Mayor. Las notas graves sol de ambos acordes se tocan en el mismo lugar. Esta es una forma de acompañamiento muy usual, especialmente cuando el acorde del V grado (sol) se construye como acorde de séptima (SOL7).

Los bajos alternos en donde interviene la tercera (la nota intermedia de las que componen el acorde), son más débiles y es preferible evitarlos en los tiempos fuertes del compás. La tercera, en los bajos simples, combina mejor cuando se la emplea como *nota de paso*, según veremos prácticamente en la melodía de esta lección.

III. PARTE PRACTICA.

En la melodía que estudiaremos ahora (*"Oh Marie"*), un valse (3/4), utilizaremos todos los recursos que acabamos de revisar. Es importante lo siguiente:

1) Construya su acompañamiento tan cuidadosamente como le sea posible, confirmando las posiciones de sus acordes con la lista que se incluye al final de la lección.

2) Debajo de las letras del acompañamiento (n. a. a.) se han escrito entre paréntesis las notas graves de los bajos con el objeto de facilitar su tarea y prevenirle de cualquier posible error.

3) En solo dos casos se utiliza la tercera del acorde como nota grave de un Bajo Alterno (*nota grave de paso*): un lab (en FAm) y un mi (en DO Mayor). Estas notas deben tocarse en las posiciones inmediatas a las de las notas graves de los acorde siguientes (sol y fa respectivamente).

"OH MARIE"

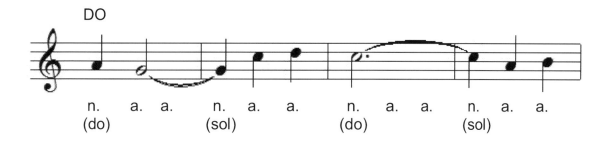
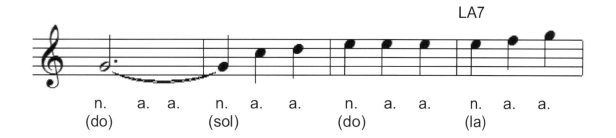
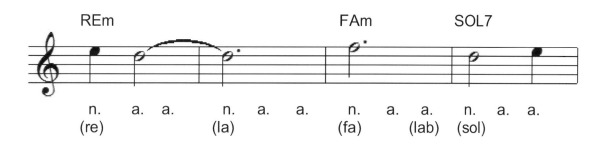
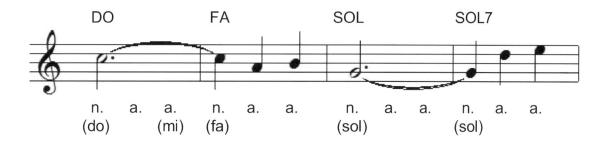
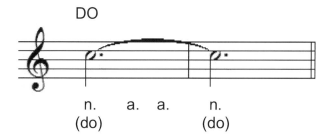

POSICIONES DE LOS ACORDES

EN LOS ACOMPAÑAMIENTOS DE BAJO SIMPLE

	MAYORES	**MENORES**
DO	sol–do–mi	sol–do–mib
REb (DO#)	lab–reb–fa	sol#–do#–mi
RE	fa#–la–re	fa–la–re
Mib (RE#)	sol–sib–mib	fa#–la#–re#
MI	sol#–si–mi	sol–si–mi
FA	fa–la–do	fa–lab–do
SOLb (FA#)	solb–sib–reb	fa#–la#–do#
SOL	sol–si–re	sol–sib–re
LAb (SOL#)	lab–do–mib	sol#–si–re#
LA	la–do–mi	la–do–mi
SIb (LA#)	fa–sib–re	fa–la#–do#
SI	fa#–si–re#	fa#–si–re

ACORDES DE SEPTIMA

DO7	sol–sib–do–mi
REb7 (DO#7)	lab–si–reb–fa
RE7	fa#–la–do–re
Mib7 (RE#7)	sol–sib–reb–mib
MI7	sol#–si–re–mi
FA7	fa–la–do–mib
SOLb7 (FA#7)	solb–sib–reb–mi
SOL7	sol–si–re–fa
LAb7 (SOL#7)	solb–lab–do–mib
LA7	sol–la–do#–mi
SIb7	lab–sib–re–fa
SI7	fa#–la–si–re#

(Estos posiciones se construyen en el área central de acordes indicada al principio de la lección).

LECCION Nº 11

EL ENRIQUECIMIENTO DE LA MELODIA

"La música es el arte más cercano de las lágrimas y los recuerdos". Oscar Wilde.

I. LOS NUMEROS DE LA DIGITACION.

Para el desarrollo de la ejecución pianística es indispensable aprender a distinguir los dedos de las manos por medio de números. De acuerdo con su uso tradicional, se designa con el número 1 a los dedos pulgares de ambas manos, con el número 2 a los dedos índices, y así sucesivamente:

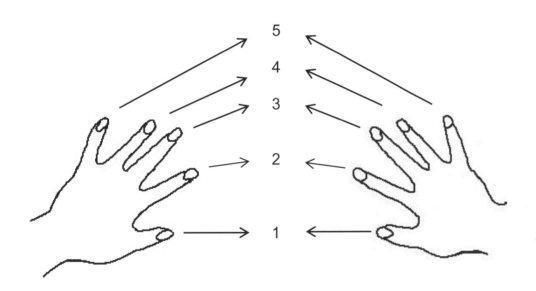

II. EL REFUERZO DE LAS OCTAVAS.

Todo lo que hemos tocado hasta aquí con la mano derecha han sido octavas. Si bien las octavas proporcionan un recurso casi instantáneo para la ejecución de las melodías, no son el único medio de que disponemos para cumplir esa tarea. Pero antes de pasar a explorar nuevas posibilidades, será menester agotar todo lo que nos ofrece la ejecución por medio de las octavas.

Se puede lograr un considerable enriquecimiento de las melodías tocadas con octavas, cuando estas se refuerzan, lo que se obtiene llenando su espacio intermedio con notas tomadas del acorde correspondiente. Supongamos que debemos tocar con la mano derecha la octava de la nota do y que la armonía de su acompañamiento es el acorde DO Mayor. Las notas que lo constituyen son do, mi y sol, y es de ellas de las que debemos servirnos para reforzarla. Ahora bien, el do es precisamente la nota de la melodía quedando solo el mi y el sol disponibles para efectuar dicho refuerzo. Con ellas podremos incrementar la sonoridad de la melodía incluyéndolas también en la mano derecha. Por consiguiente, utilizamos el mi y el sol que están entre las dos notas do de la octava y ejecutamos simultáneamente ls cuatro notas que resultan de esta agregado. Empleamos para ello los dedos 1, 2, 3 y 5 como se ilustra a continuación:

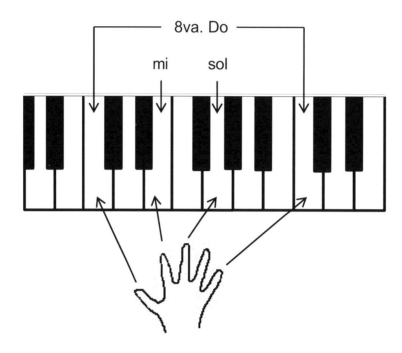

Como estas notas se tocan simultáneamente, así aparecen escritas en el pentagrama en forma superpuesta:

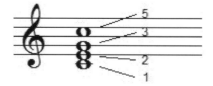

En las melodías de nuestras lecciones, sin embargo, no vendrán escritas así, pues mantendremos la línea melódica libre, independientemente de lo que vayamos haciendo con ella. Para el refuerzo de las octavas, en las melodías de cualquier género, será suficiente atenerse al siguiente principio: *el refuerzo deberá aplicarse en aquellas notas de la melodía que tengan, respecto a las demás, una mayor duración.* No es posible reforzar todas las octavas, pues aparte de lo complicado que resultaría su ejecución en el piano, se incurriría en un exceso de sonoridad. El arte requiere equilibrio y armonía y la combinación de octavas puras con octavas reforzadas es el medio más seguro para obtener una melodía más equilibrada y armoniosa.

Cuando las octavas de la melodía que han de reforzarse coinciden con alguna de las notas del acorde que sirve para armonizarlas, siendo este acorde mayor o menor, hay solamente tres posiciones para la mano derecha: la primera (con la nota *fundamental* del acorde en la melodía) es la del ejemplo anterior y utiliza los dedos 1, 2, 3 y 5; la segunda posición se hace con los dedos 1, 2, 4 y 5 y se presenta cuando la nota de la melodía es la *tercera,* o nota intermedia del acorde, y la última posición, con la *quinta* del acorde, que emplea las mismas notas de la primera posición, o sean los dedos 1, 2, 3 y 5. (Estas tres posibilidades son, naturalmente, las tres inversiones del acorde). La figura siguiente completa el ejemplo anterior con las posiciones sobre las notas tercera y quinta del acorde DO Mayor cuando estas coinciden con la melodía:

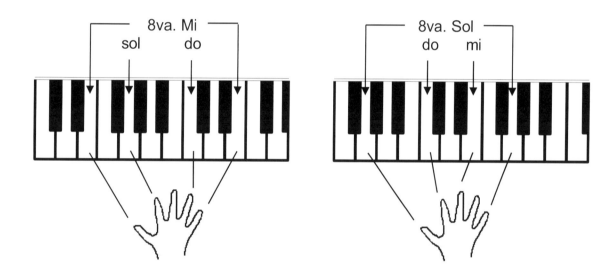

Practique las tres posiciones un suficiente número de veces hasta que pueda tocarlas con seguridad y comodidad. Son posiciones que habrá de utilizar innumerables veces en la práctica, cada vez que sus octavas reforzadas coincidan con alguna de las tres notas de su acorde correspondiente.

Debemos completar lo anterior con el examen de los refuerzos en octavas que vienen armonizadas con acordes de Séptima, En estos casos, cuando la melodía es una de las cuatro que conforman este tipo de acorde, deberá proceder de la siguiente manera. Si la nota de la melodía es cualquiera de las tres primeras del acorde (fundamental, tercera o quinta), proceda a reforzarla como si se tratara de un acorde mayor, es decir, prescindiendo de la última nota del acorde (su séptima). Pero si la nota de la melodía es precisamente esta última, deberá eliminar alguna de las tres notas restantes según resulte más cómodo tocarlas. La nota fa, por ejemplo, cuando se requiera reforzarla con el acorde SOL7 (del cual es su séptima), puede tocarse en alguna de estas dos formas:

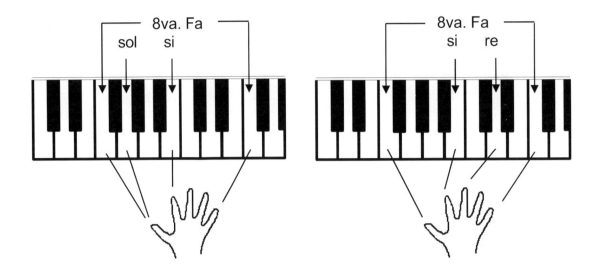

En la primera se ha eliminado la quinta, y en la segunda, la fundamental. La primera solución es preferible porque la nota fundamental es la más importante del acorde (aquí el dedo pulgar toca simultáneamente las notas fa y sol, como resulta más fácil ejecutar esta posición).

Ahora bien, cuando las octavas de la melodía *no* coinciden con notas del acorde, las posibilidades que se presentan son variadas, no siendo posible establecer reglas para todas ellas. Algunas indicaciones, sin embargo, son aplicables. Es aconsejable, por ejemplo, que elija como notas de refuerzo aquellas que resulten más cómodas para la ejecución y que, a la vez, el oído las encuentre mejores. No utilice al principio más de dos notas del acorde para reforzarlas; las sonoridades muy compactas deben usarse con discreción, solamente cuando un considerable énfasis en la melodía aconseje su empleo.

APLICACIONES PRACTICAS.

Una tarea importante en esta lección consiste en aplicar los conocimientos que acabamos de adquirir en una melodía ya conocida. Utilizaremos la melodía que estudiamos en la lección anterior (*"Oh Marie"*). Esta melodía contiene importantes notas de reposo en las que se pueden emplear octavas reforzadas, como lo veremos a continuación.

La nota do de la melodía que lleva el primer acorde (acorde de DO Mayor) y la nota del tercer compás, son octavas cuya mayor duración respecto a las demás aconseja tocarlas como octavas reforzadas. Cada una de ellas dura 4 tiempos (3 de su compás respectivo y uno más del compás siguiente en el que se prolonga por la ligadura de notas iguales), y son notas que coinciden con las que forman el acorde DO Mayor que se usa para armonizarlas. Proceda ahora a tocarlas como octavas reforzadas empleando las posiciones que les corresponden, las cuales utilizan para su ejecución los mismos dedos 1, 2, 3 y 5.

La siguiente octava que se puede reforzar es la nota la, que tienen el cambio al acorde REm (séptimo compás). La posición es igual a la anterior, o sea que vuelve usted a utilizar los dedos 1, 2, 3, y 5, y las notas que tiene que tocar ahora: la, re, fa y la (la octava la coincide como quinta del acorde REm y se refuerza con re y fa que son fundamental y tercera de dicho acorde, respectivamente).

Conservando las dos notas centrales de la octava anterior (las mismas notas re y fa), se puede reforzar también la octava si que viene después, la cual no coincide con ninguna de las notas que forman el acorde REm. En este caso, se prescinde con ventaja de la quinta de este acorde (la), y para su ejecución, basta con desplazar los dedos 1 y 5 de la octava anterior a la octava si, manteniendo en su lugar los dedos 2 y 3 sobre las notas re y fa que se tocan de nuevo.

Para volver a emplear el refuerzo de octavas basta con repetir el tema de la melodía nuevamente, o si se prefiere, en las notas que tienen valor de medios y que vienen antes de dicha repetición, dependiendo de sus posibilidades técnicas y de su libre elección. Lo mismo es válido para las otras notas que siguen hasta el final de la melodía, entre las cuales conviene elegir las de mayor duración, De estas últimas, no deberá dejar de reforzar la nota fa que lleva el acorde FAm, la nota sol del acorde SOL Mayor y la nota do con que termina la melodía. Recuerde que debe existir un equilibro razonable entre octavas puras y octavas reforzadas para que el arreglo se escuche bien.

V. MELODIA CON EJECUCION DIGITAL.

Para las notas de la melodía, en las que hasta ahora hemos venido empleando solamente octavas, vamos a examinar la posibilidad de una forma distinta de ejecución: su ejecución con notas simples o *ejecución digital*. Al tocar las melodías con notas simples en la mano derecha es indispensable hacer uso de todos los dedos, lo que implica el conocimiento en que se basa la técnica de la digitación. El fundamento de esta técnica es el desarrollo de la independencia de los dedos, o sea la habilidad que les permita ejecutar separadamente las notas del teclado con diferentes grados de velocidad y fuerza. Como sucede con cualquier otro problema técnico, la independencia de los dedos se desarrolla paulatinamente con la práctica. Vamos a ver un ejercicio muy sencillo que nos ayudará a tomar conciencia de este problema. Pese a su sencillez, este ejercicio es una gimnasia excelente para los dedos.

Coloque los cinco dedos de su mano derecha sobre las cinco notas que van de do a sol, a la mitad del teclado, o sea el dedo 1 sobre el do central, el 2 sobre re, el 3 sobre mi y así sucesivamente. En esta posición, las terminaciones de los dedos descansan sobre las teclas sin presionarlas, la mano permanece sin tensión alguna y el brazo la sostiene, en dirección longitudinal al teclado sin flexionar la muñeca. Eleve el arco de los dedos de manera que quede como si usted sostuviera una pelota en el hueco de la mano, con los dedos naturalmente curvos. Ponga bastante cuidado en que la articulación de la muñeca se mantenga más abajo del arco de los dedos. En esta posición, empiece por tocar *lentamente*, una y otra vez, las notas do y re que corresponden a los dedos 1 y 2. Al hacerlo, procure que las notas queden *ligadas* –unidas entre sí–, lo que logrará soltando cada nota en el momento justo en que toca la otra, no antes. Los dedos articulan elevándose de las teclas a suficiente altura y presionando sobre ellas en cada toque. A continuación haga lo mismo combinando los dedos 2 y 3, que tocan las notas re y mi. Después de varias repeticiones, continúe con los dedos 3 y 4, y por último, con el 4 y el 5.

Durante su ejecución trate de mover solamente los dedos que está utilizando manteniendo los demás en reposo (relajados), aun en el caso del cuarto dedo que es el más débil de todos. Es importante hacer este ejercicio con suma *lentitud* y procurando que las notas tengan la misma duración e intensidad. El ejercicio es mejor cuando se estudia *rítmicamente*, acentuando primero una nota y después otra. En todos los casos debe haber un toque firme con cada dedo, pero evitando la tensión en los músculos de la mano o de los otros dedos. Puede luego aumentar gradualmente la secuencia en cada combinación pero conservando siempre la igualdad en la ejecución de las dos notas. Otra combinación posible, que se puede tomar como una variante del ejercicio es practicar con tres dedos en vez de dos: 1–2–3–2–1–2–3.... y enseguida 2–3–4–3–2–3–4.... etc.

VI. PARTE PRACTICA.

En el arreglo que haremos de la siguiente melodía (*"Canción de Cuna", Brahms*), deberá proceder de la siguiente manera:

1) Toque los primeros 8 compases utilizando los dedos cuya numeración viene indicada debajo de cada nota. Practique esta parte con la mano derecha sola antes de intentar la combinación de las dos.

2) Toque enseguida con ambas manos estos 8 compases cuidando que sus acordes coincidan con las notas de la melodía como lo hemos venido haciendo con las octavas,

3) En el octavo compás (nota do que lleva el acorde DO Mayor), toque solamente un acorde con la izquierda, como se indica, para empezar libremente con la derecha el cambio de ejecución a octavas.

4) En la segunda mitad de la melodía (últimos 8 compases) se toca la melodía con octavas y bajos simples normales. Utilice octavas reforzadas en todas las notas que tienen valor de medios (blancas) y que están al comienzo de los compases.

"CANCION DE CUNA"

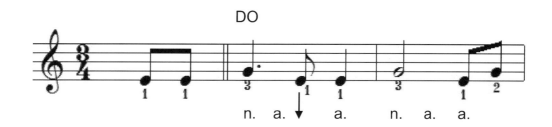
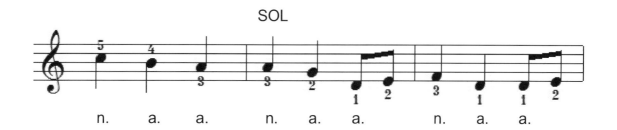
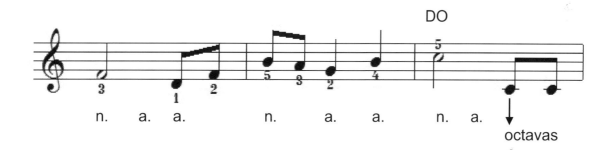
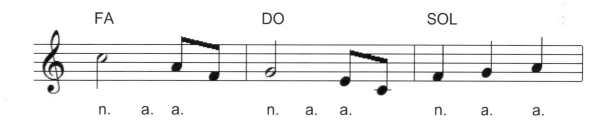
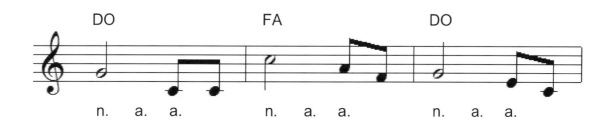

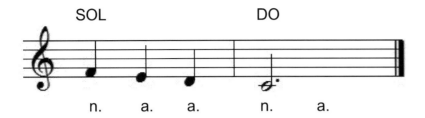

LECCION Nº 12

EL BAJO QUEBRADO (I)

> *"La música es una revelación más excelsa que toda la sabiduría y la Filosofía"* Beethoven.

I. CONSTRUCCION DE LOS BAJOS QUEBRADOS.

A lo largo de nuestro Curso hemos estado empleando los acordes de la mano izquierda como conjuntos de sonidos simultáneos. Con la sola excepción de las notas graves del Bajo Simple, que se tocan como notas aisladas, todas las demás armonías del acompañamiento las hemos venido haciendo en esa forma, es decir, solo como unidades armónicas. Sin embargo, esta no es la única posibilidad para los acompañamientos de la mano izquierda. En esta lección veremos lo que se puede hacer cuando las notas que integran un acorde se independizan y combinan entre sí en secuencias ordenadas. Este procedimiento es el que se conoce como **Bajo Quebrado** y permite una gran variedad de acompañamientos para la melodía.

Un Bajo Quebrado es el que resulta de tocar sucesivamente (y no en forma simultánea) las notas que componen un acorde. Tan simple podría ser este bajo que consistiera solo en repetir una y otra vez las tres notas del acorde, pero una figura tan elemental tendría un efecto limitado para un arreglo moderno. (Originalmente, esa fue la primera solución quebrada que se dio a los acordes en la historia de la música). Más aceptable, aunque no satisfactoria, podría ser esta misma secuencia de notas usando dos octavas en vez de una. Veamos lo que sucedería, por ejemplo, en el acorde de DO Mayor. Al tocar sucesivamente sus tres notas (do-mi-sol) en la extensión de dos octavas, se obtendría una serie de 6 sonidos en el orden siguiente: do–mi–sol–do–mi–sol:

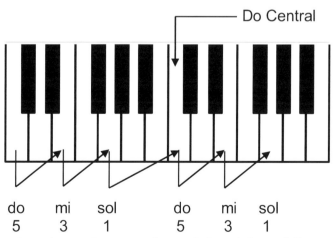

(Los números corresponden a la digitación de la mano izquierda)

Apoyando estas notas con el uso del pedal se obtiene una sonoridad cuyo efecto es más cadencioso y menos directo que el de los acordes solos. Crear fondos armónicos de esta clase es el propósito de todo Bajo Quebrado. Es importante que todos los sonidos que lo compongan se sucedan en forma ordenada y rítmica, reteniendo cada nota la misma duración e intensidad de las demás.

Una gran variedad de bajos quebrados pueden hacerse en el piano. Pero el fundamento para todos es siempre el mismo: descomponer las notas de un acorde y tocarlas sucesivamente. Desde luego, se pueden hacer combinaciones más complicadas introduciendo en la serie notas adicionales ajenas al acorde, pero tales elaboraciones corresponden a niveles superiores del arreglo y no deben intentarse sino después de haber dominado bien los bajos quebrados más simples.

Emplearemos en nuestra lección un Bajo Quebrado cuya composición es de solo 5 notas. A pesar de su sencillez, este bajo dará un notable colorido al acompañamiento de sus melodías. Se construye con las mismas notas del ejemplo anterior, o sea las que forman sucesivamente al acorde, pero eliminando la segunda de ellas, lo que da lugar, en el caso del acorde DO mayor, a la serie: do – sol – do – mi – sol. La mano izquierda toca esta serie con la digitación: 5 – 2 – 1 – 3 – 1, que es muy simple y permite, además, conectar todos los sonidos entre sí mediante el paso del segundo dedo sobre el pulgar (de la nota do a la nota mi):

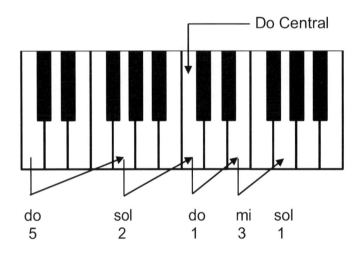

Al hacer este Bajo Quebrado procure que sus cinco notas se sucedan unas a otras con la mayor igualdad posible; el pedal deberá sostenerlas todo el tiempo que dure su ejecución. Los dedos deben estar relajados y las notas escucharse con claridad. La ejecución es más cómoda si los dedos se extienden ligeramente hacia adelante, ya que eso les permite abarcar fácilmente las distancias entre las notas. En general, procure que su ejecución sea uniforme, cómoda y relajada.

Practique suficientes veces el Bajo Quebrado del acorde DO Mayor. Su construcción es la misma para cualquier acorde y también su digitación. En cualquier acorde mayor o menor (acordes de tres notas) bastará seguir la serie *fundamental–quinta–fundamental–tercera–quinta* en su construcción, empleando sucesivamente los dedos 5 – 2 –1 – 3 – 1. (Hay, sin embargo, excepciones para esta digitación que debemos mencionar. En los acordes cuya nota fundamental es una tecla negra –por ejemplo REb, Mib, FA#m, etc. – se adapta mejor la digitación 5 – 3 – 2 – 1 – 2). En los bajos quebrados de los acordes de séptima deberá cambiarse la nota final –una quinta– por la séptima. En el acorde SOL7, por ejemplo, la secuencia sería: sol–re–sol–si–fa. La digitación, por supuesto, permanece sin cambio.

II. MEDIDA RITMICA DEL BAJO QUEBRADO.

La distribución de las cinco notas que forman un Bajo Quebrado en el espacio disponible de un compás, se hace empleando dos notas por cada tiempo. Esto significa que tanto en el compás de 3/4 como en el de 4/4, las notas tienen valor de octavos. La medida rítmica será más clara si se acentúa la primera de cada dos notas (en el caso del acorde DO Mayor, la primera nota do, el do superior y la última nota sol). Con esto se completan exactamente los tres tiempos de un compás de 3/4. En el compás de 4/4 sobra un tiempo. En esta lección nos ocuparemos exclusivamente del Bajo Quebrado en un compás de 3/4, dejando para la lección siguiente su aplicación en un compás de 4 tiempos.

Veamos ahora un ejemplo. Suponga usted que deseamos construir un Bajo Quebrado para acompañar una nota do en la melodía, en un compás de 3/4, cuyo soporte armónico sea un acorde de DO Mayor. Empezamos tocando el Bajo Quebrado con la mano izquierda, a partir de la nota do que está dos octavas abajo del do central, en el primer tiempo del compás, haciendo coincidir este primer do con la nota do de la melodía:

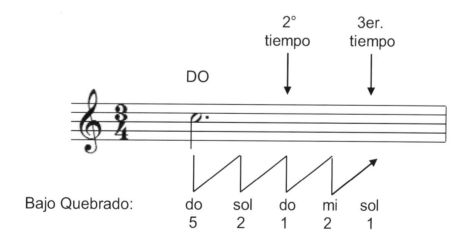

El segundo do y el ultimo sol del Bajo Quebrado corresponden al segundo y tercer tiempos del compás, respectivamente. Ocupan el lugar que tendrían los acordes (n. a. a.) en un Bajo Simple. En su representación escrita, usaremos el signo "**w**" debajo del pentagrama para indicar la conversión del acorde en un Bajo Quebrado.

Un equilibrio adecuado en los acompañamientos de la melodía se puede obtener al combinar bajos quebrados con bajos simples. La combinación suele ser muy efectiva en compases de 3/4 (como los valses, por ejemplo). Esto vamos a hacer precisamente en la melodía "Torna a Sorrento" que estudiaremos ahora. En general, es aconsejable utilizar los bajos quebrados para sostener las notas de reposo, o sea aquellas notas de la melodía que tienen mayor duración. Esto facilita su ejecución y permite que la melodía y su acompañamiento mantengan un equilibrio adecuado al llenar (por contraste) sus espacios vacíos.

EJERCICIO N° 1 (Preliminar).

Los acordes de la melodía que vamos a estudiar y en los cuales se aplicará el uso del Bajo Quebrado, son los siguientes: RE mayor, REm, SOL Mayor, MIm y SIm. Es conveniente, antes de empezar con su estudio, practicar separadamente sus bajos quebrados correspondientes, cuya composición es la siguiente:

RE Mayor = re – la – re – fa# – la   MIm = mi – si – mi – sol – si

REm = re – la – re – fa – la   SIm = si – fa# – si – re – fa#

SOL Mayor = sol – re – sol – si – re

(En el Bajo Quebrado del acorde SIm, utilice al terminar el dedo 2 para facilitar su ejecución).

La construcción de estos bajos quebrados puede empezar dos octavas abajo del do central. Podemos hacerlos más arriba o más abajo en la región grave del teclado, pero la elección dependerá de su apreciación sonora y de que las notas de la melodía, si son muy graves, impidan el libre desplazamiento de la mano izquierda.

EJERCICIO N° 2 (*Torna a Sorrento*).

En la práctica de esta melodía le serán útiles las siguientes indicaciones:

1) La melodía consta de dos partes, la primera en la tonalidad de Re Menor y la segunda en la de Re Mayor. La primera contiene como alteración permanente un sib, y la segunda, las notas fa y do sostenidos.

2) La primera parte deberá tocarla con ejecución digital, y la segunda, con octavas. Las anotaciones n. s. y 8vas. arriba del compás inicial de cada parte sirven para indicarlo. En la segunda parte, todas las notas en reposo que van acompañadas por bajos quebrados deben tocarse como octavas reforzadas. (La nota fa# en el octavo compás de esta segunda parte, puede ofrecer alguna dificultad para su refuerzo al ubicar los dedos 2 y 4 sobre las teclas la y re, entre negras. Si lo desea, puede simplificar su ejecución prescindiendo de la nota la y tocando solo el re del refuerzo con su tercer dedo).

3) El Bajo Quebrado del último compás (RE Mayor) deberá comenzar en la nota re grave situada dos octavas abajo del do central. Podrá terminar bien la melodía si después de hacer este bajo toca usted la nota re más grave del piano, es decir, aquella que está una octava más abajo del primer re en donde empezó su Bajo Quebrado. Sostenga esta nota final con el mismo pedal.

"TORNA A SORRENTO"

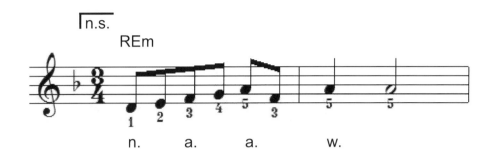
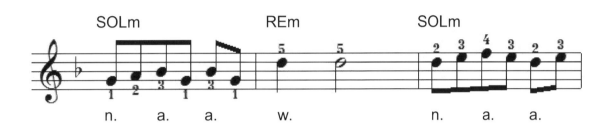
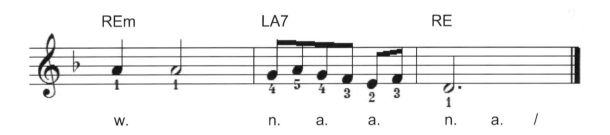
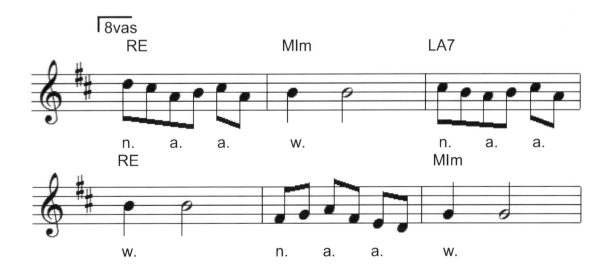

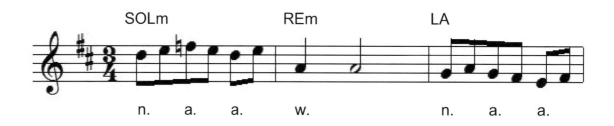
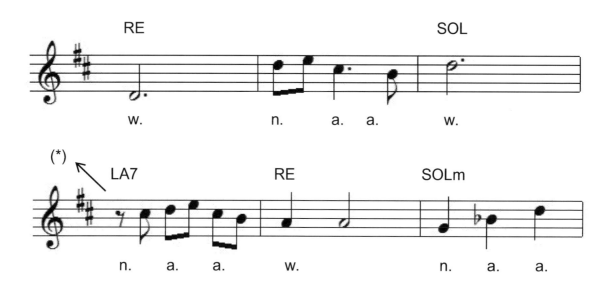

n.　a.　a.　n.　a.　a.　w.　　(n)

(*) El signo ⁊ es un *silencio* de octavo (*corchea*). Los signos de silencio, de los cuales hay uno por cada valor de nota, indican solo una suspensión de la frase musical y duran exactamente el valor que representan. Los signos de silencio que se usan para los otros valores de notas son los siguientes:

    Unidad (*Redonda*):   Medio (*Blanca*):   Cuarto (*Negra*):

LECCION N° 13

EL BAJO QUEBRADO (II)

> *"La música sería el lenguaje de la filosofía si pudiera pensar con sonidos en vez de pensar con palabras"*   Hegel.

I. LAS BASES DEL ARREGLO.

Todos los materiales con los que el arreglista o compositor trabaja se pueden sintetizar en solo tres elementos estructurales básicos: *melodía, armonía y ritmo*. En su expresión más simple, aparecen representados en el pentagrama de sol con la división rítmica del tiempo, las notas simples de la melodía y los símbolos armónicos que habitualmente se escriben en la parte superior de la melodía:

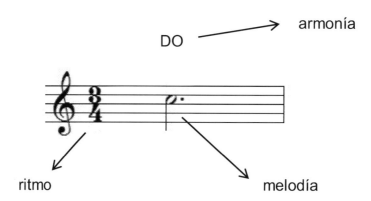

Estos tres elementos representan la base y el punto de partida de cualquier arreglo. Implica modelar sobre ellos con el concurso del conocimiento, la habilidad, la espontaneidad y las aptitudes personales. Arreglar una melodía es una actividad creativa que requiere no solo de los conocimientos y la técnica, sino también de la originalidad y de la fantasía. Al ejercitar estas facultades el arreglista va perfeccionando poco a poco sus medios de expresión, hasta que superadas sus antiguas limitaciones logra plasmar un estilo personal. Aun cuando no sea este el propósito de nuestro Curso, debemos experimentar el arreglo o composición para piano, desde sus inicios, como un arte vivo, un arte que combina la fidelidad a ciertas reglas en el uso de determinados recursos, con la libertad de su manejo. Al interpretar una melodía, el arreglista no se limita solo a su mera reproducción, sino que trata de enriquecerla y transformarla esforzándose por alcanzar una versión más bella. Como base de esa elaboración, como antes mencionamos, dispone solo de una línea melódica pura, un colorido armónico de soporte (los acordes) y una medida de tiempo rítmica.

11. EL ACORDE DISMINUIDO.

Veremos ahora un nuevo tipo de acorde: el **acorde disminuido.** Este acorde no tiene la misma importancia de los acordes mayores, menores y de séptima que hemos venido empleando y que se consideran como acordes básicos de la armonía. Pero su utilidad hace que sea necesario incluirlo en nuestro estudio. Es una armonía que tiene un uso práctico menos frecuente y se caracteriza por un aumento de tensión en la sonoridad que produce.

El acorde disminuido lo forman cuatro sonidos (fundamental, tercera, quinta y séptima) por lo que se le considera también como un acorde de séptima. En sentido estricto, el acorde disminuido es una triada, o sea que consta solo de tres sonidos –los tres primeros, sin la séptima–, pero en la práctica se le emplea siempre como un acorde de séptima (un acorde de 4 notas). El símbolo armónico que lo representa es un pequeño círculo al lado del nombre del acorde. Por ejemplo: DO°, RE°, LA°, etc. También es usual que el símbolo incluya el número 7, distintivo de un acorde de séptima: DO°7, RE°7, LA°7, etc. (En ediciones internacionales de música popular suele añadirse la abreviatura "dim" (*diminish*) al nombre del acorde: Cdim o Cdim7 –DO disminuido–). La fórmula para la construcción del acorde disminuido es muy sencilla: 4 + 4 + 4. Veamos su aplicación en el teclado usando como ejemplo el acorde DO°:

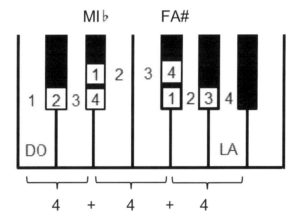

Aunque se pueden hacer 12 acordes disminuidos sobre las 12 notas del esquema básico, hay en realidad solo 3 estructuras diferentes de este acorde. La razón es que las distancias entre sus cuatro notas son exactamente iguales (4+4+4) y 12 es divisible por 4 solamente 3 veces. Esto nos permite agrupar los 12 acordes disminuidos en solamente tres círculos:

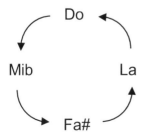

DO° (do–mib–fa#–la)
MIb° (mib–fa#–la–do)
FA# (fa#–la–do–mib)
LA° (la–do–mib–fa#)

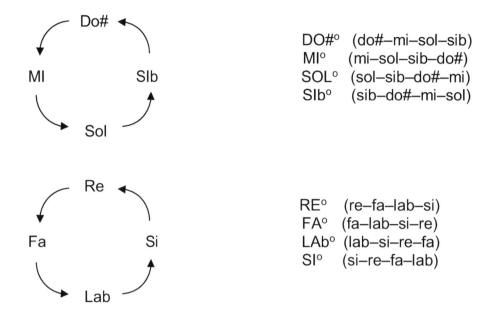

Naturalmente, cualquier inversión de un acorde disminuido es al mismo tiempo otro acorde disminuido. Por ejemplo, la primera inversión de un acorde RE° (re–fa–lab–si) es también el acorde FA° (fa–lab–si–re), su segunda inversión el acorde LAb°, y así con todos los demás. En los acompañamientos de Bajo Simple, esto simplifica y facilita el empleo de los acordes disminuidos al permitir su reducción a solo tres estructuras.

A continuación un resumen de las posiciones más convenientes para los acordes disminuidos en los acompañamientos de Bajo Simple. (Utilice en todas la digitación 5 – 3 – 2 – 1):

DO°
MI° (RE#°)   FA# – LA – DO – Mib
FA#° (SOLb°)
LA°

DO#° (REb°)
MI°   SOL – Sib – DO# – MI
SOL°
Sib° (LA#°)

RE°
FA°   FA° – LAb – SI – RE
LAb° (SOL#°)
SI°

III. EL BAJO QUEBRADO EN EL COMPAS DE 4/4.

Para completar el cuarto tiempo de un compás de 4/4 cuando utilizamos como acompañamiento un Bajo Quebrado –cuya extensión como hemos visto es solo de 3 tiempos–, hay tres soluciones posibles:

1) La primera y más simple consiste en mantener el tiempo faltante en silencio. Esto puede ser particularmente efectivo cuando coincide con notas en la melodía, lo que permite mantener la continuidad sonora de la ejecución. Se puede indicar en la partitura con una pequeña línea inclinada: w. /

2) Una segunda posibilidad sería la de completar el compás con su acorde correspondiente (w. a.). Deberá cuidar, sin embargo, que esta combinación no tenga un efecto muy pesado sobre la melodía. El recurso será más efectivo cuando el acorde sea diferente del que se usa en el Bajo Quebrado.

3) Otra posibilidad es la de emplear una nota grave en la mano izquierda (w. n.). La nota que se usa de este modo puede también servir como *nota de enlace* con la armonía del primer tiempo del compás siguiente. Al hacerlo es necesario considerar ambas armonías (la del Bajo Quebrado y la del compás que le sigue). Hay dos condiciones que deben cumplirse para establecer una relación entre ellas: (a) que la nota grave sea quinta del acorde siguiente, o (b) que sea alguna de las notas que forman el primer acorde. Naturalmente, cuando los dos compases se mantienen dentro de la misma armonía ambos requisitos se cumplen a la perfección. Supongamos, por ejemplo, que la armonía es un acorde de FA Mayor y que deseamos hacer en el primer compás un Bajo Quebrado y en el segundo un Bajo Simple. En los tres primeros tiempos del primer compás tocaríamos el Bajo Quebrado del acorde FA Mayor (fa–do–fa–la–do) y en el cuarto, la nota do que es justamente la quinta de dicho acorde. El do grave que empleamos viene situado debajo de la nota fa con que empieza la serie del Bajo Quebrado. Este mismo fa sirve de nuevo como base del Bajo Simple que sigue y conviene enlazarlos digitalmente con la combinación 5 – 2. (Si en el segundo compás se hiciera de nuevo un Bajo Quebrado del mismo acorde, las notas graves no se ligarían pues habría que empezar de nuevo con el 5 en la nota fa):

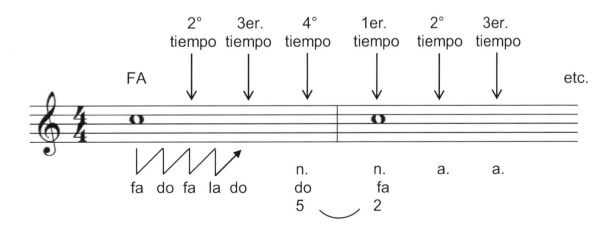

Veamos ahora un caso diferente: dos compases cuyas armonías son distintas. Para poder usar la nota grave complementaria será preciso que la quinta del segundo acorde esté incluida en las notas del primero. Esto sucede, por ejemplo, con los acordes SOLm y DO7: la quinta de este último es a la vez la fundamental del primero. Pasando de un compás cuya armonía es SOLm a otro en DO7 – combinando Bajo Quebrado con Bajo Simple–, el resultado sería:

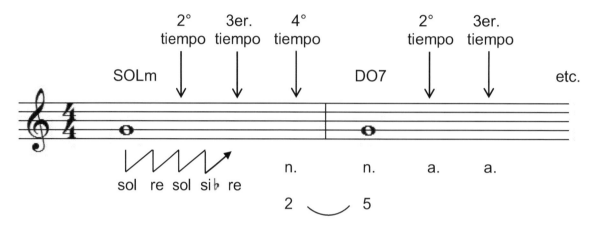

La digitación se hace a la inversa (2 – 5) porque el do grave está más abajo de la nota sol complementaria, que en este caso es la primera del Bajo Quebrado. La posición a elegir es opcional.

4) Finalmente, podemos mencionar un excelente recurso generado por el propio Bajo Quebrado. Se trata de construir con sus mismas notas un *Bajo Quebrado con Retorno*. Para hacerlo, es suficiente con retomar sus notas en sentido inverso, partiendo de su última nota (la quinta del acorde) y retomando de nuevo las notas precedentes hasta completar el cuarto tiempo (en la quinta inicial). Solo es menester repetir las mismas notas con la misma digitación, es decir, partiendo de la quinta final hasta la quinta inicial: tres notas en total. Por ejemplo, en el Bajo Quebrado de un acorde de DO Mayor, cuya nota final es un sol, se tocarían sin detenerse las notas mi, do y sol, con los mismos dedos 3, 1 y 2. Es aconsejable, sin embargo, cambiar el dedo pulgar (1) por el índice (2) en la nota final superior del Bajo Quebrado, o sea en la quinta (la nota sol en DO Mayor). El propósito es permitir que el dedo pulgar permanezca lo más cerca posible del do que le corresponde en el trazo inicial. Esto facilita su reencuentro en el movimiento de retorno. El cambio es prácticamente necesario cuando la nota final es una tecla negra (en un SIm, por ejemplo).

IV. PARTE PRACTICA.
Utilizaremos como ejemplo práctico de la presente lección dos melodías.
1) *"Melodía en FA"* (Rubinstein)
Para tocar esta melodía utilice únicamente octavas, reforzando solo aquellas notas que tengan un valor de medios (blancas). Usaremos para su arreglo una combinación distinta de bajos simples con bajos quebrados. El acompañamiento consistirá en hacer unos y otros no en forma alterna, como lo hicimos en la lección pasada, sino cada cierto número de compases.

Tome en cuenta las siguientes observaciones. Los primeros 4 compases llevan bajos simples, usándose en el último de ellos –acorde DO°– su forma alterna (la octava de la melodía puede reforzarse con las notas mib y fa#, usando la digitación 1–2–3–5). Como la melodía empieza en el do central, el acorde de FA Mayor inicial debe tocarse inmediatamente abajo con su inversión do–fa–la. En el compás siguiente, el acorde de DO Mayor se toca en su posición original. El Bajo Simple del doceavo compás (RE7) emplea la tercera del acorde (fa#) como nota grave de paso en el cuarto tiempo (bajo alterno). Los 15 compases de la melodía pueden tocarse dos veces para prolongar su duración. Al terminar, toque después del último acorde –el que completa el Bajo Quebrado en el compás– la nota fa más grave del teclado, y al mismo tiempo, si lo desea, toque de nuevo la nota fa reforzada, pero una octava más arriba y al mismo tiempo que la nota grave final, formando una especie de "eco".

2) *"O Sole Mio"*.

Esta melodía consta de dos partes. Toque la primera (15 compases) con notas simples, usando la digitación que se indica debajo de cada nota, y la segunda, con octavas, como lo indican las anotaciones n. s. y 8vas. arriba del compás inicial de cada parte. Toda la melodía se acompaña combinando alternativamente bajos quebrados (con nota grave) y bajos simples, como se indica en la parte inferior del pentagrama. En los bajos simples de la segunda parte utilice solamente un acorde como acompañamiento (en el tercer tiempo); esto hará más expresivo el arreglo y contribuirá a formar un contraste con su primera parte. Las tres primeras notas con que empieza la melodía se tocan sin acompañamiento, lo mismo las tres de repetición y las otras tres que van al principio de la segunda parte, Estas últimas entran ya como octavas. Finalice esta melodía en la misma forma que lo hizo con la melodía anterior (*"Melodía en Fa"*). De manera experimental, puede utilizar el Bajo Quebrado de Retorno, o una combinación libre de ambos.

"O SOLE MIO"

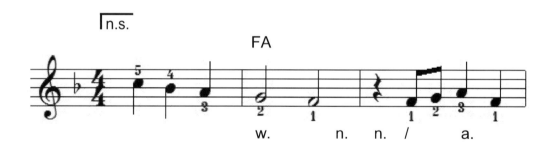

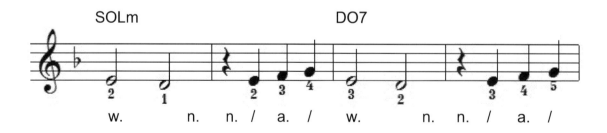

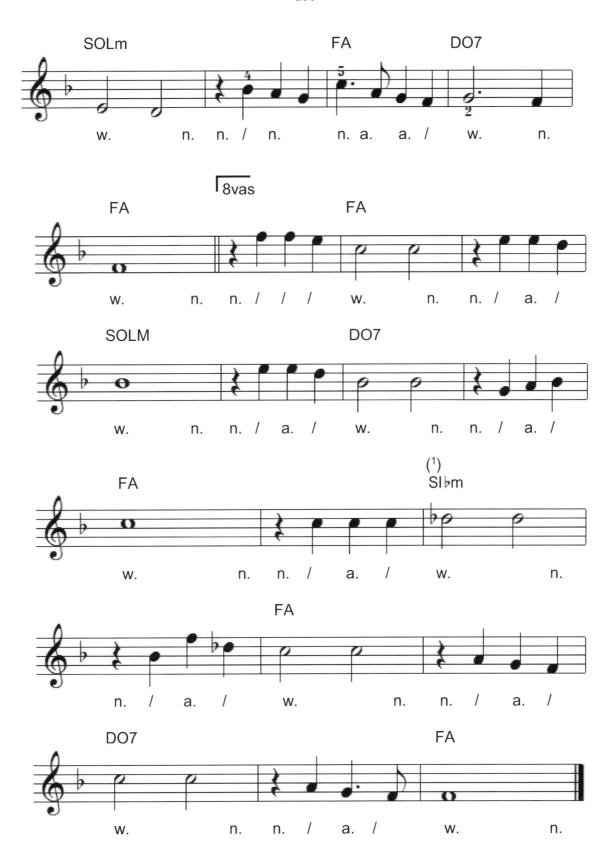

(¹) Bajo quebrado: si♭–fa –si♭ –re♭–fa   (5-2-1-2-1).

LECCION Nº 14

ESTRUCTURA DE LOS ACORDES

> *"La música es la esencia del orden y eleva a todas las almas hacia lo bueno, lo justo y lo bello"* Platón.

I. LOS ACORDES DE SEPTIMA.

Los acordes construidos con la combinación simultánea de cuatro sonidos se conocen tradicionalmente como *acordes de séptima* y se les representa con el número 7. El primero y más importante es el que hemos venido utilizando hasta ahora denominándolo simplemente como acorde de séptima (DO7, RE7, FA#7, etc.). Pero también el acorde disminuido, que vimos en la lección pasada, es un acorde de séptima (DO°7, RE°7, FA#°7, etc.). Estas dos estructuras, sin embargo, no son las únicas opciones posibles para construir esta clase de acordes. Conviene por eso diferenciarlos con nombres distintos, por lo que el acorde que hasta aquí hemos nombrado solo como acorde de séptima lo distinguiremos en lo sucesivo como acorde de **séptima dominante** (o dominante).

El marco natural para la elaboración de los acordes de séptima es la octava. Dentro de su espacio es posible construir hasta 5 estructuras diferentes mediante la combinación simultánea de cuatro sonidos. Tomando como base los acordes que ya conocemos como mayores y menores, podemos completar su estructura mediante el agregado de una séptima. En la práctica, se les representa de la siguiente manera: acorde de **séptima mayor,** *M7* (DO M7, FA M7, MIb M7, etc.), y acorde de **séptima menor,** *m7* (DOm7, FAm7, MIbm7, etc.). Otro acorde más con el que vamos a completar el conjunto de los acordes de séptima es el denominado acorde **sensible,** también un acorde integrado por cuatro notas cuya representación, en partituras estándar, se indica solo como *m7b5* (DOm7b5, REm7b5, FA#m7b5, etc.).

Tomando ahora las doce notas comprendidas en el espacio natural de la octava, como notas fundamentales de los acordes de séptima, nuestra lista final queda ordenada en cinco estructuras básicas. Dichas estructuras (60 acordes en total) constituyen la base armónica fundamental de la Armonía Tonal Moderna:

1) 12 acordes Mayores (DO M7, RE M7, etc.)

2) 12 acordes Menores (DOm7, REm7, etc.)

3) 12 acordes Dominantes (DO7, RE7, etc.)

4) 12 acordes Sensibles (DOm(b5), REm(b5), etc.)

5) 12 acordes Disminuidos (DOdim.7, REdim.7, etc).

La Tabla que se incluye al final de esta lección contiene un resumen de este complejo armónico total, así como la versión actualizada de sus símbolos

Veamos ahora con más detalle las tres nuevas estructuras de acordes de séptima que acabamos de incluir en nuestra síntesis de acordes

II. ACORDE DE SEPTIMA MAYOR.

La estructura de este acorde se puede representar por la fórmula 5 + 4 + 5, equivalente al acorde mayor más una nota (la séptima) colocada a una distancia superior de 5 teclas a partir de su quinta:

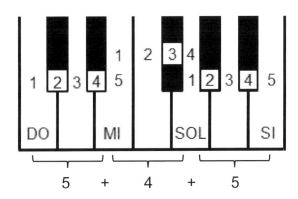

El símbolo armónico que emplearemos aquí para representar este acorde es, como ya mencionamos, el mismo del acorde mayor que conocemos como triada (acorde de solo tres notas) pero con el agregado M7 que lo identifica como un acorde mayor con séptima. En partituras estándar se usa también la abreviatura *maj.7* para representarlo ([1]). En un acorde DO M7, como se ve en el ejemplo, las notas que lo componen serían: do–mi–sol–si; en Mib M7, mib–sol–sib–re, etc.

En los acompañamientos de Bajo Simple, se usa preferentemente la inversión sobre su quinta (DO M7 = sol–si–do–mi). En el Bajo Quebrado, se utiliza la séptima al final de su serie en vez de la quinta habitual. No así en el Bajo Quebrado de Retorno en donde la quinta deberá emplearse para facilitar su desplazamiento.

III. ACORDE DE SEPTIMA MENOR.

De manera similar al acorde mayor, el acorde menor con séptima se construye a partir de la triada menor que ya conocemos, completándola con una nota superior más (su séptima) de acuerdo con la fórmula: 4 + 5 + 4. Se representa con el símbolo *m7* a continuación del nombre de su nota fundamental (DOm7, por ejemplo, formado por las notas do–mib–sol–sib):

([1]) C*maj*.7 (*maj.*, abreviatura de *major* en inglés). En la nomenclatura inglesa, de uso generalizado, las notas se indican con letras: A=la, B=si, C=do, D=re, E=mi, F=fa, G=sol).

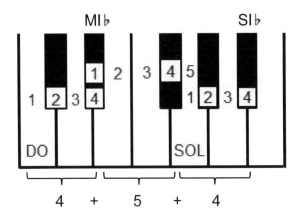

IV. ACORDE SENSIBLE.

Para producir un acorde Sensible será suficiente con rebajar de un acorde menor con séptima su tercera nota, es decir, la que en términos armónicos conocemos como quinta. Su estructura, por consiguiente, está determinada por la fórmula: 4 + 4 + 5, como puede apreciarse a continuación (acorde DO Sensible):

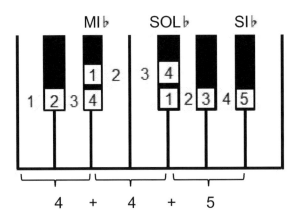

El símbolo armónico que tradicionalmente se usa para representar estos acordes es igual al que se emplea en el acorde menor con séptima, pero agregándole un paréntesis en donde se indica la modificación de su quinta: DOm7 (b5), REm7(b5), etc. El signo "menos" (–) se emplea algunas veces en lugar del bemol para indicar que la quinta del acorde está *bemolizada*.

La peculiar cualidad de este acorde se puede apreciar comparándolo con el acorde de séptima menor. Toque primero el acorde DOm7 y a continuación repítalo bemolizando su quinta –DOm7(b5)–. Puede a la vez combinarlos con una sola nota como melodía (un mib, por ejemplo) para evaluar mejor el efecto de colorido que se obtiene con cada combinación. La estimación auditiva de los diferentes efectos que se obtienen al integrar los acordes con las melodías es indispensable para utilizarlos eficientemente en la práctica.

PARTE PRACTICA

Estudiaremos aquí, como práctica final del Curso, una versión simplificada del tercer movimiento del célebre *Concierto Nº 2 para Piano* de Rachmaninoff. A continuación algunas observaciones útiles para facilitar su ejecución. .

1) La mano izquierda empieza tocando sola en el primer tiempo del primer compás (la nota sol con la que comienza la melodía coincide con el segundo do del Bajo Quebrado en el segundo tiempo).

2) Realice la ejecución de esta melodía empleando octavas. Es conveniente que las notas de mayor duración (blancas) y también algunas otras, especialmente al inicio de los compases, estén reforzadas.

3) En los acompañamientos de la mano izquierda, las rayitas inclinadas señalan solo los silencios. Las flechitas junto a los bajos quebrados aluden a la posición de su nota inicial, más abajo o más arriba en el teclado. Los acordes con un número abajo son acordes invertidos. El número indica la nota base de su inversión. (Si el acorde de DO Mayor, por ejemplo, lleva un número 3, la distribución de sus notas en la inversión sería: mi–sol–do).

4) Al terminar la melodía podrá cerrar su ejecución combinando la nota do grave del final ("n" entre paréntesis, al finalizar el Bajo Quebrado con Retorno), con una octava de do reforzada en la mano derecha, dos octavas arriba del do central –el denominado *efecto eco*–.

5) Si lo desea, puede repetir la ejecución de la melodía empleando ia primera vez notas simples y la segunda octavas. Los bajos del acompañamiento permanecen sin cambio, exceptuando el último compás en donde conviene usar, la primera vez, un Bajo Quebrado sin retorno y una nota final de enlace (sol).

"CONCIERTO N° 2 DE RACHMANINOFF"
(Tema del 3er. Movimiento)

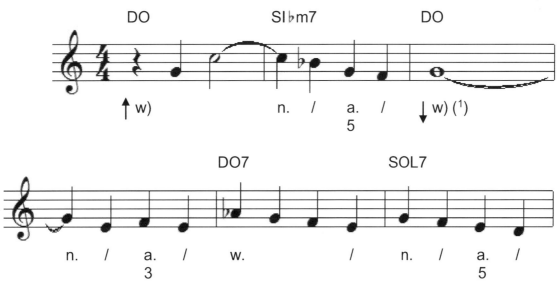

(¹) Bajo Quebrado con Retorno.

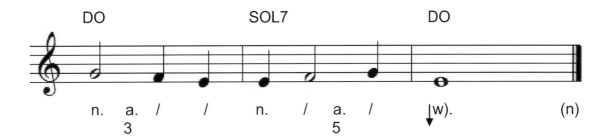

LECCION 15

ARMONIAS TRADICIONAL Y MODERNA

"La música puede definirse como la ciencia de los amores entre la armonía y el ritmo". Platón.

I. SINTESIS ARMONICA.

La armonización moderna requiere reconocer y realizar en los acordes cambios significativos en su extensión, en la posibilidad de sus variantes, en su conexión con otros acordes y en su incremento y sustitución. Como quedó explicado en la parte final de nuestra lección anterior, en la Armonía Tonal Moderna todos los acordes se sintetizan en solo 5 estructuras fundamentales, constituidas por la combinación simultánea de 4 sonidos diferentes (acordes de séptima) –trascendiendo en los acordes mayores y menores su composición inicial de solo tres notas (tríadas)–. Estas cinco estructuras constituyen las cinco *cualidades armónicas* de los 60 acordes básicos cuyos símbolos convencionales son los siguientes ([1]):

M = Mayor (DO M)

x = Dominante (DOx)

m = Menor (DOm)

Ø = Sensible (DOØ)

o = Disminuido (DOo)

II. EL ACORDE DE SEXTA.

Una innovación importante en el contexto moderno de la armonía lo constituye la variante conocida como **acorde de sexta.** Se emplea el número **6** para representarla y se aplica en los acordes mayores y menores. Consiste solo en cambiar su última nota, o sea su séptima, por una sexta (5+4+**3**). Un acorde de DO Mayor, por ejemplo, se representaría como DO M6 y estaría integrado por las notas do, mi, sol y **la.** De igual manera, en el acorde menor se cambia su séptima por su sexta: DOm6 = do, mib, sol y **la** (4+5+**3**). En la perspectiva de los acordes de la tonalidad, conviene utilizar el I y IV grados como acordes de sexta (DO6 y FA6) y el II, III y VI que son menores, como acordes de séptima menor (REm7, MIm7 y LAm7).

([1]) Sistema Julliard de Nueva York (*Jazz Improvisation,* John Mehegan).

III. VARIANTES DEL ACORDE DOMINANTE.

Por último, es importante completar nuestro conocimiento actualizado de los acordes con las tres modalidades de variación del acorde de séptima dominante que se utilizan también en la práctica moderna. Consiste en el cambio de su tercera y su quinta por la tecla inmediata superior o inferior: la tercera por la superior (#3) y la quinta por ambas (#5 y b5). En un acorde SOL7, por ejemplo, estas variantes serían: SOL7#3 (sol–**do**–re–fa), SOL7#5 (sol–si–**re#**–fa) y SOL7b5 (sol–si–**reb**–fa).

Las Tablas incluidas al final de la lección contienen la versión actualizada de todos los acordes que podrá usar siempre como un marco de referencia para la armonización de sus melodías en el piano.

IV. DEDUCCION DE LAS ARMONIAS.

Con la presente lección habremos llegado al final de nuestro Curso de Piano Básico. Las melodías que hemos venido practicando han tenido no solo el propósito de enseñarle a tocar el piano mediante la formación de un pequeño repertorio, sino también, dotarle de recursos esenciales que le sean útiles en la elaboración de nuevos arreglos. Sin embargo, no estaría completa nuestra enseñanza si no incluyéramos algunos conceptos de utilidad práctica para la deducción de las armonías y ciertas orientaciones que puedan servir al estudiante interesado en la armonización tonal moderna.

Como lo hemos visto en nuestra práctica, el uso de solo los tres acordes básicos de la tonalidad (I, IV y V) en la armonización de una melodía, no siempre satisface las exigencias requeridas para su acompañamiento. La búsqueda de otros matices que hagan más interesante y vivo el colorido armónico de un arreglo conduce al incremento de nuevas armonías. Ahora bien, ¿cuál es el método a seguir para obtener ese incremento?. En primer lugar, recordemos que los tres acordes básicos de la tonalidad tienen su asiento en los grados I, IV y V de su escala (acordes DO, FA y SOL7, en el tono de Do) y que la construcción de estos acordes se hace combinando alternativamente –una sí y otra no– las notas que forman dicha escala. El acorde DO Mayor, por ejemplo, correspondiente al primer grado de la tonalidad, contiene las notas do, mi y sol que alternan con las notas re y fa intermedias. Lo mismo ocurre con los acordes de los grados IV y V (FA Mayor y SOL7). Pues bien, de igual manera se pueden deducir también otros acordes sobre los demás grados de la escala: sobre el II, el III, el VI y el VII. Usando la tonalidad de Do Mayor como referencia, encontramos que estos acordes tienen su base sobre las notas re, mi, la y si, respectivamente. En el segundo grado, el acorde resultante está formado por las notas re, fa y la, quedando el mi y el sol como notas intermedias. Se trata, desde luego, de un acorde de REm. Siguiendo el mismo procedimiento, hallamos los acordes MIm y LAm en los grados III y VI. El VII grado puede descartarse de este examen, ya que su estructura se integra en forma complementaria al acorde de séptima dominante de sol, con sus tres notas si, re y fa (SOL7: sol–*si–re–fa*) razón por la cual se le usa rara vez en la práctica. Las tres armonías deducidas (REm, MIm y LAm), a diferencia de los tres acordes básicos mayores (DO, FA y SOL), son acordes menores.

Como sabemos, el concepto del acorde tiene un carácter *dinámico* y no puede haber un conocimiento completo de las armonías sin el estudio de sus tendencias de enlace con otros acordes. En efecto, todo acompañamiento es siempre una *progresión de acordes*, un enlace de armonías relacionadas entre sí. Las progresiones se forman, en último análisis, de las diversas combinaciones que se pueden hacer entre los grados de una tonalidad al moverse sus acordes entre sí. Es básico, por consiguiente, conocer en principio algunas de las tendencias de enlace más importantes a fin de facilitar el manejo práctico de los acordes en la armonización de las melodías. Veamos a continuación, en el orden de su importancia, esas tendencias en cada grado de la tonalidad.

I: El acorde que se construye sobre el primer grado es el más importante de todos. Sirve para definir a la tonalidad, es un acorde de reposo y todas las melodías concluyen en él. Normalmente, este acorde puede progresar con libertad hacia cualquier otro acorde.

V: El acorde del quinto grado es el más dinámico del tono y se emplea normalmente como un acorde de séptima (*acorde de séptima dominante*). Su tendencia básica es la de progresar hacia el acorde del primer grado que le sirve de resolución (SOL7–DO, en Do Mayor).

IV: El acorde del IV grado es el menos importante de los tres acordes básicos. Se mueve en dirección al I y al V grados dando lugar s las progresiones IV–I y IV–V, que tienen carácter final y que se emplean en la mayor parte de las melodías.

II: El acorde del II grado se emplea frecuentemente en relación con el V grado, siendo a su vez una preparación muy efectiva para este último acorde. (II–V, REm–SOL7 en la tonalidad de Do Mayor). Sustituye al enlace IV–I, más tradicional.

VI: De uso menos frecuente que el anterior, este acorde se dirige normalmente hacia el II, formando el enlace VI–II (LAm–REm).

III: De menor importancia aún es este acorde (MIm en el tono de Do). Su principal tendencia es hacia el acorde del VI grado, pero también puede servir como acorde de paso hacia el II grado.

Las siguientes progresiones son usuales en la práctica: I–II–V7–I (DO–REm–SOL7–DO), I–VI–II–V7–I (DO–LAm–REm–SOL7, I–III–II–VI–I (DO–MIm–REm–SOL7–DO). Practique estas progresiones en forma de Bajos Simples concediéndoles dos tiempos a cada armonía (n. a.). El propósito de esta práctica es el de educar el oído acostumbrándole a los movimientos más usuales de los acordes, pues la armonización espontánea se logra una vez que se ha aprendido a anticipar los cambios armónicos familiarizándose con ellos.

Los acordes examinados se componen de las notas constitutivas de la tonalidad. Pero el colorido de un acompañamiento se puede enriquecer con armonías en cuya estructura se emplean notas distintas de las que forman la tonalidad. No son acordes diferentes, en un sentido estricto, sino modificaciones que pueden hacerse en los acordes originales, ya que esencialmente, todo desplazamiento armónico es un movimiento de grados. Así por ejemplo, el acorde del IV grado (FA) que es un acorde mayor, puede convertirse en menor lo que hará cambiar el matiz de la progresión: DO–FAm–SOL7–DO. Otro ejemplo es la transformación de los acordes menores en séptimas de dominante: LA7–RE7–SOL7–DO. En el cambio de estas cualidades intervienen tanto las exigencias de la melodía como las preferencias personales del arreglista.

Otro incremento que puede darse tiene lugar cuando se altera la nota fundamental de un grado por medio del sostenido o el bemol. Las dos progresiones siguientes, de frecuente aplicación, lo demuestran:

(¡) DO–DO#°–REm–SOL7—DO; (2) DO–MIb°–REm–SOL7–DO.

Analice como práctica la melodía "Oh Marie" de la Lección N° 10, escrita en Do Mayor. Encontrará el acorde MIm (III) sirviendo de enlace al REm (II); el IV como acorde menor (FAm), el VI como acorde dominante (LA7), etc.

El estudio exhaustivo de las extensiones, las variantes, las sustituciones y las progresiones de los acordes, constituye la materia esencial de la Armonía Tonal Moderna ([1]).

V . RECOMENDACIÓN.

Como complemento del Curso de Piano Básico, es aconsejable que utilice el programa de "Soporte Técnico de Ejecución" que podrá obtener también en nuestra página y cuyo propósito es el de permitirle incrementar sus habilidades de ejecución pianística. Podrá realizar los ejercicios de este programa al mismo tiempo que perfecciona la interpretación de sus melodías. En cada sesión de estudio, empiece practicando los ejercicios del programa como una especie de preparación (de *calentamiento),* antes de iniciar su entrenamiento habitual.

([1]) V. el libro *ARMONIA TONAL MODERNA* del mismo autor.

TABLA DE LOS 60 ACORDES BASICOS

	M	x	M	ø	o
DO	SI / SOL / MI / DO	SIb / SOL / MI / DO	SIb / SOL / MIb / DO	SIb / SOLb / MIb / DO	LA / SOLb / MIb / DO
REb o DO#	DO / LAb / FA / REb	DOb / LAb / FA / REb	SI / SOL# / MI / DO#	SI / SOL / MI / DO#	SIb / SOL / MI / DO#
RE	DO# / LA / **FA#** / RE	DO / LA / **FA#** / RE	DO / LA / FA / RE	DO / LAb / **FA** / RE	SI / LAb / FA / RE
MIb o RE#	RE / SIb / SOL / MIb	REb / SIb / SOL / MIb	DO# / LA# / FA# / RE#	DO# / LA / **FA#** / RE#	DO / LA / **FA#** / RE#
MI	RE# / SI / SOL# / MI	RE / SI / SOL# / MI	RE / SI / SOL / MI	RE / SIb / SOL / MI	REb / SIb / SOL / MI
FA	MI / DO / LA / **FA**	MIb / DO / LA / FA	MIb / DO / LAb / FA	MIb / SI / LAb / **FA**	RE / SI / LAb / **FA**
SOLb o FA#	**FA** / REb / SIb / SOLb	MI / DO# / LA# / **FA#**	MI / DO# / LA / **FA#**	MI / DO / LA / **FA#**	MIb / DO / LA / *FA#*
SOL	**FA#** / RE / SI / SOL	FA / RE / SI / SOL	**FA** / RE / SIb / SOL	FA / REb / SIb / SOL	MI / REb / SIb / SOL
LAb o SOL#	SOL / MIb / DO / LAb	SOLb / MIb / DO / LAb	**FA#** / RE# / SI / SOL#	**FA#** / RE / SI / SOL#	FA / RE / SI / SOL#
LA	SOL# / MI / DO# / LA	SOL / MI / DO# / LA	SOL / MI / DO / LA	SOL / MIb / DO / LA	SOLb / MIb / DO / LA
SIb o LA#	LA / **FA** / RE / SIb	LAb / **FA** / RE / SIb	LAb / **FA** / REb / SIb	SOL# / MI / DO# / LA#	SOL / MI / DO# / LA#
SI	LA# / **FA#** / RE# / SI	LA / **FA#** / RE# / SI	LA / **FA#** / RE / SI	LA / **FA** / RE / SI	LAb / **FA** / RE / SI

ACORDES DE SEXTA
(M+6 y m+6)

	M(7)	M+6	m(7)	m+6
DO	SI / SOL / MI / DO	LA / SOL / MI / DO	SIb / SOL / MIb / DO	LA / SOL / MIb / DO
DO# o REb	DO / LAb / FA / REb	SIb / LAb / FA / REb	SI / SOL# / MI / DO#	LA# / SOL# / MI / DO#
RE	DO# / LA / FA# / RE	SI / LA / FA# / RE	DO / LA / FA / RE	SI / LA / FA / RE
RE# o MIb	RE / SIb / SOL / MIb	DO / SIb / SOL / MIb	REb / SIb / SOLb / MIb	DO / SIb / SOLb / MIb
MI	RE# / SI / SOL# / MI	DO# / SI / SOL# / MI	RE / SI / SOL / MI	DO# / SI / SOL / MI
FA	MI / DO / LA / FA	RE / DO / LA / FA	MIb / DO / LAb / FA	RE / DO / LAb / FA
FA# o SOLb	FA / DO# / LA# / FA#	RE# / DO# / LA# / FA#	MI / DO# / *LA* / FA#	RE# / DO# / LA / FA#
SOL	FA# / RE / SI / SOL	MI / RE / SI / SOL	FA / RE / SIb / SOL	MI / RE / SIb / SOL
SOL# o LAb	SOL / MIb / DO / LAb	FA / MIb / DO / LAb	FA# / RE# / SI / SOL#	FA / RE# / SI / SOL#
LA	SOL# / MI / DO# / LA	FA# / MI / DO# / LA	SOL / MI / DO / LA	FA# / MI / DO / LA
LA# o SIb	LA / FA / RE / SIb	SOL / FA / RE / SIb	LAb / FA / REb / SIb	SOL / FA / REb / SIb
SI	LA# / FA# / RE# / SI	SOL# / FA / RE / SI	LA / FA# / RE / SI	SOL# / FA# / RE / SI

VARIANTES DEL ACORDE DOMINANTE

	original	#3	#5	b5
DO	SIb / SOL / MI / DO	SIb / SOL / **FA** / DO	SIb / **SOL#** / MI / DO	SIb / **SOLb** / MI / DO
DO# o REb	SI / LAb / FA / REb	SI / LAb / **FA#** / REb	SI / **LA** / FA / REb	SI / **SOL** / FA / REb
RE	DO / LA / FA# / RE	DO / LA / **SOL** / RE	DO / **LA#** / FA# / RE	DO / **LAb** / FA# / RE
RE# o MIb	REb / SIb / SOL / MIb	REb / SIb / **SOL#** / MIb	REb / **SI** / SOL / MIb	REb / **LA** / SOL / MIb
MI	RE / SI / SOL# / MI	RE / SI / **LA** / MI	RE / **DO** / SOL# / MI	RE / **SIb** / SOL# / MI
FA	MIb / DO / LA / FA	MIb / DO / **LA#** / FA	MIb / **DO#** / LA / FA	MIb / **SI** / LA / FA
FA# o MIb	MI / DO# / LA# / FA#	MI / DO# / **SI** / FA#	MI / **RE** / LA# / FA#	MI / **DO** / LA# / FA#
SOL	FA / RE / SI / SOL	FA / RE / **DO** / SOL	FA / **RE#** / SI / SOL	FA / **REb** / SI / SOL
SOL# o LAb	SOLb / MIb / DO / LAb	SOLb / MIb / **DO#** / LAb	SOLb / **MI** / DO / LAb	SOLb / **RE** / DO / LAb
LA	SOL / MI / DO# / LA	SOL / **MI** / RE / LA	SOL / **FA** / DO# / LA	SOL / **MIb** / DO# / LA

LA# o Slb	LAb FA RE Slb	LAb FA **RE#** Slb	LAb **FA#** RE Slb	LAb **MI** RE Slb
SI	LA FA# RE# SI	LA FA# **MI** SI	LA **SOL** RE# SI	LA **FA** RE# SI

TABLA DE CONVERSIÓN

CUALIDAD	Ejemplos en do
MAYOR (M): Letra sola (tríada), △ 6 (con sexta) maj7, ma7, M7, 7M	C, C△ C6 Cmaj7, Cma7, CM7, C7M
DOMINANTE (x): 7 9, 11, 13 (con 9ª., 11a. o 13a.) 7(sus), 7sus 4 (variante $x^{\#3}$) aug., aug.5, 7aug. ⎤ +, +5, 7+5, 7#5 ⎦ (variante $x^{\#5}$) 7b5, 7–5, 7– (variante x^{b5})	C7 C9, C11, C13 C7(sus), C7sus4 Caug., Caug.5, C7aug.5 C+, C+5, C7+5, C7#5 C7b5, C7–5, C7–
MENOR (m): m (tríada) m6 (con sexta) m7	Cm Cm6 Cm7
SENSIBLE (ø) m7b5, m7 (b5) m7–5, m7(–5)	Cm7b5, Cm7 (b5) Cm7–5, Cm7(–5)
DISMINUIDO (o) dim, dim7 °7	Cdim, Cdim7 C°7

SOPORTE TECNICO DE EJECUCION

Su práctica comprende una serie de ejercicios digitales destinados a fortalecer el desarrollo de la técnica de ejecución pianística, al mismo tiempo que se desarrolla el conocimiento de los acordes y su desplazamiento en el teclado (escalas y arpegios). La práctica del soporte técnico incluye también la ejecución coordenada de los acordes con ambas manos, en secuencias orientadas a familiarizar al estudiante con su reconocimiento en todas las tonalidades.

I. EJECUCION DE NOTAS CONJUNTAS.

Esta práctica consiste en la ejecución de las escalas de las 12 tonalidades mayores, en la extensión de 2 octavas. Las dos manos deberán mantenerse próximas entre sí, a la distancia de una octava. A partir de la escala de do mayor, su secuencia implica un incremento gradual de las teclas negras del piano, principiando con alteraciones en sostenidos (#) (do mayor, sol mayor, re mayor, etc.) Es importante tener en cuenta las siguientes observaciones.

1) La práctica de este ejercicio, como la de todos los que integran el Soporte Técnico de Ejecución, deberá efectuarse *lentamente*. La ejecución rápida en el piano es una habilidad que se obtiene espontáneamente, cuando la práctica de los ejercicios se ha realizado adecuadamente. El incremento en la velocidad deberá hacerse siempre en forma gradual.

2) La curvatura natural de los dedos debe mantenerse sin modificación, alzando solamente un dedo cada vez mientras los demás permanecen relajados e inmóviles.

3) La presión ejercida por cada dedo sobre la tecla se suspende al producirse el sonido, pero sosteniendo la tecla sin alzar hasta el siguiente toque. La producción de los sonidos en el teclado no requiere de ningún esfuerzo especial. Manteniendo los brazos relajados, el *peso* de la mano sobre las teclas es suficiente para producirlos. La presión de cada dedo sobre la tecla se gradúa solo mediante su articulación. La curvatura natural de los dedos deberá permanecer constante, sin cambio alguno.

4) En el desplazamiento del dedo pulgar debajo de la mano, esta deberá mantenerse sin cambiar su posición mientras el dedo se extiende hasta alcanzar la tecla correspondiente. A medida que se avanza o se retrocede en la escala, los brazos se movilizan lo necesario para asegurar que la orientación de ambas manos en el teclado continúe siendo la misma que se tenía al empezar.

5) Un recurso útil para facilitar la igualdad en la secuencia de las notas consiste en acentuar la primera de cada cuatro. En do mayor, por ejemplo, se acentuaría el primer do, a continuación el siguiente sol, luego el re y así sucesivamente.

6) Si se prefiere, esta práctica puede ampliarse hasta abarcar cuatro octavas en el teclado.

(Ventajas adicionales: (a) reconocimiento de las 12 tonalidades en el teclado, (b) aprovechamiento de las escalas como modos diatónicos en el arreglo y la improvisación).

A continuación, la lista completa de los pentagramas correspondientes a las 12 escalas mayores, con sus correspondientes digitaciones para ambas manos.

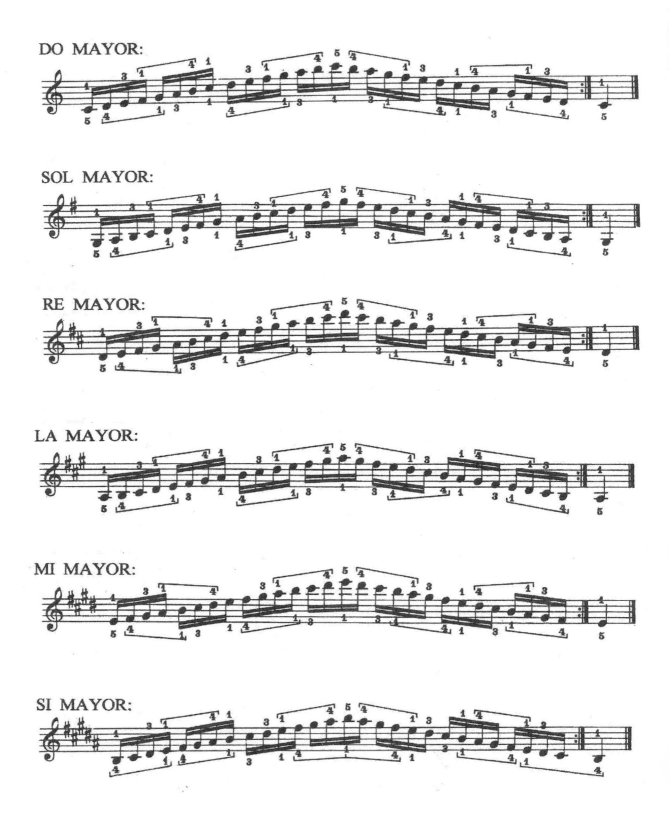

DO MAYOR:

SOL MAYOR:

RE MAYOR:

LA MAYOR:

MI MAYOR:

SI MAYOR:

FA# MAYOR:

REb MAYOR:

LAb MAYOR:

MIb MAYOR:

SIb MAYOR:

FA MAYOR:

II. EJECUCION DE NOTAS DISJUNTAS.

La ejecución sucesiva de las notas de los acordes en el teclado constituye lo que se conoce como **arpegio.** Su práctica es similar a la de las escalas, pero por tratarse de notas ligeramente separadas entre sí, la curvatura de los dedos deberá extenderse un poco más para lograr un toque más relajado y flexible. Las observaciones mencionadas en la práctica de las escalas son también aplicables en la ejecución de los arpegios.

Una *práctica inicial* para familiarizarse con la estructura de los 60 acordes básicos consiste en articular sus notas simultáneamente con ambas manos, manteniendo fija su posición en el teclado. Las dos manos deberán situarse próximas entre sí, a la distancia de una octava. Con esta práctica repetida varias veces en cada acorde, alternando sus voces, se logra una visualización de su estructura que facilita su conversión posterior como arpegio. El orden en que se basa esta práctica es el incremento gradual de las cualidades de los acordes (mayor, dominante, menor, sensible y disminuido). Si se prefiere, cada acorde puede practicarse independientemente junto con su arpegio correspondiente. Al igual que con los ejercicios de las escalas, el desplazamiento de los arpegios deberá hacerse en una extensión de dos octavas y manteniendo siempre un ritmo uniforme.

(Ventaja adicional: además de su entrenamiento digital implícito, esta práctica conlleva el reconocimiento visual de los 60 acordes básicos en el piano, las 5 cualidades armónicas, así como un incremento en su apreciación auditiva).

PRÁCTICA INICIAL
(Practicar simultáneamente con ambas manos)

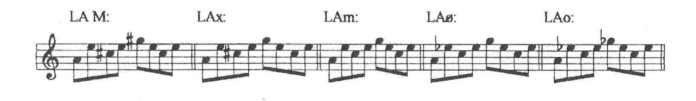

PRACTICA DE LOS ARPEGIOS CON SU DIGITACIÓN

DO ; M   M+6 (*), x, m, ø, o

    Der: 1 2 3 4, 1 2 3 4 (5)

    Izq : 5 4 3 2, 1 4 3 2 (1)

(*): El acorde mayor asciende con la séptima y desciende con la sexta.

REb ; M   M+6

    Der: 2 1 2 3, 4 1 2 3 (4)

    Izq : 4 3 2 1, 4 3 2 1 (2)   <u>3 4 1, 2 3 4 1 (2)</u> (*)

(*): Digitación descendente

x , m , ø

    Der: 2 1 2 3, 4 1 2 3 (4)

    Izq : 4 3 2 1, 4 3 2 1 (2)

o:

    Der: 2 1 2 3, 4 1 2 3 (4)

    Izq : 3 2 1 4, 3 2 1 3 (2)

RE ; M   M+6, x, m, ø, o

    Der: 1 2 3 4, 1 2 3 4 (5)

    Izq : 5 4 3 2, 1 4 3 2 (1)

MIb ; M   M+6   ø

    Der: 2 1 2 3, 4 1 2 3 (4)   Der: 2 3 1 2, 3 4 1 2 (3)

    Izq : 4 3 2 1, 4 3 2 1 (2)   Izq : 3 2 1 4, 3 2 1 3 (2)

x   o:

    Der: 2 1 2 3, 4 1 2 3 (4)   Der: 2 3 1 2, 3 4 1 2 (3)

    Izq : 2 1 4 3, 2 1 4 3 (2)   Izq : 4 3 2 1, 4 3 2 1 (2)

m

    Der: 1 2 3 4, 1 2 3 4 (5)

    Izq : 5 4 3 2, 1 4 3 2 (1)

MI ; M   M+6, x,   m,   ø,   o
    Der: 1 2 3 4, 1 2 3 4 (5)
    Izq: 5 4 3 2, 1 4 3 2 (1)

FA ; M   M+6, x,   m,   ø,   o
    Der: 1 2 3 4, 1 2 3 4 (5)
    Izq: 5 4 3 2, 1 4 3 2 (1)

SOLb; M   M+6
    Der: 2 3 4 1, 2 3 4 1 (5)   4 3 2, 1 4 3 2 (1) (*)
    Izq: 4 3 2 1, 4 3 2 1 (2-1)   2 3 4, 1 2 3 4 (5) (*)
    (*) Digitación descendente
x
    Der: 2 3 4 1, 2 3 4 1 (2)   m, ø,
    Izq: 4 3 2 1, 4 3 2 1 (2)   Der: 2 1 2 3, 4 1 2 3 (4)
                                            Izq: 4 3 2 1, 4 3 2 1 (2)
o:
    Der: 2 1 2 3, 4 1 2 3 (4)
    Izq: 3 2 1 4, 3 2 1 3 (2)

SOL ; M   M+6, x,   m,   ø,   o
    Der: 1 2 3 4, 1 2 3 4 (5)
    Izq: 5 4 3 2, 1 4 3 2 (1)

LAb; M   M+6   ø,
    Der: 2 1 2 3, 4 1 2 3 (4)   Der: 2 1 2 3, 4 1 2 3 (4)
    Izq: 4 3 2 1, 4 3 2 1 (2)   Izq: 3 2 1 4, 3 2 1 3 (2)
x, m   o
    Der: 2 1 2 3, 4 1 2 3 (4)   Der: 2 1 2 3, 4 1 2 3 (4)
    Izq: 2 1 4 3, 2 1 4 3 (2)   Izq: 4 3 2 1, 4 3 2 1 (2)

LA ;   M   M+6,   x,   m,   ø,   o

Der: 1   2   3   4,   1   2   3   4   (5)

Izq: 5   4   3   2,   1   4   3   2   (1)

SIb ;   M   M+6

Der: 2   1   2   3,   4   1   2   3   (4)   Der: 2   3   1   2,   3   4   1   2   (3)

Izq: 4   3   2   1,   4   3   2   1   (2)   Izq: 3   2   1   4,   3   2   1   3   (2)

x   o:

Der: 2   1   2   3,   4   1   2   3   (4)   Der: 2   3   1   2,   3   4   1   2   (3)

Izq: 3   2   1   4,   3   2   1   3   (2)   Izq: 4   3   2   1,   4   3   2   1   (2)

SI ;   M   M+6,   x,   m,   ø,   o

Der: 1   2   3   4,   1   2   3   4   (5)

Izq: 5   4   3   2,   1   4   3   2   (1)

III. EJECUCION DE NOTAS DOBLES.

En la siguiente práctica con notas dobles, la posición de las dos manos es la misma de los ejercicios anteriores: ambas deben quedar situadas a la distancia de una octava. Cada ejercicio deberá repetirse un suficiente número de veces, sin interrupción. Las siguientes observaciones son importantes:

1) Al igual que con la práctica de las escalas y los arpegios, únicamente los dedos que accionan las teclas deben articularse, procurando que los restantes se mantengan relajados y junto a sus teclas correspondientes.

2) Al combinar simultáneamente las dos notas en cada una de estas prácticas, ambas deberán tocarse al mismo tiempo, sin diferencia de intensidad y duración entre ellas.

3) En la ejecución de las octavas la combinación de los dedos 4 y 5 en el paso de una octava a otra tiene el objeto de evitar que las notas se separen (*legato*). Un ligero desplazamiento de la muñeca hacia arriba y hacia adelante al emplear el cuarto dedo facilitará la continuidad de su ejecución.

Digitaciones:

	Terceras:	Cuartas y Sextas:	Octavas:
mano derecha:	1-3, 2-4 y 3-5	1-3, 1-4, 2-5	1-5, 1.4, 1-5, 1-4, 1-5
mano izquierda:	5-3, 4-2 y 3-1	5-2, 4-1, 3-1	5-1, 4-1, 5-1, 4-1, 5-1

IV. EJECUCION DE LOS ACORDES.

Combinando la ejecución de los acordes con ambas manos, se obtiene el dominio del toque simultáneo y preciso de las notas en el teclado. Los acordes de esta práctica corresponden a los acordes naturales de los siete grados de la tonalidad. (En la tonalidad de do mayor, por ejemplo, los acordes *do mayor* (I), *re menor* II), *mi menor* (III), *fa mayor*, (IV), *sol dominante* (V), *la menor* (VI) y *si sensible* (VII). Por tratarse de acordes de séptima, en el toque de cada uno de ellos intervienen siempre cuatro notas.

Al realizar esta práctica es preciso que las notas de los dos acordes suenen juntas, produciendo un efecto armonioso y compacto. Las manos deben situarse juntas a la distancia de una octava. La ejecución del ejercicio requiere utilizar solamente el peso del brazo apoyado sobre los dedos, sin ejercer ninguna presión adicional. Para lograrlo es indispensable flexionar los brazos desde los hombros, con un ligero alzamiento desde los codos.

El orden en que conviene practicar todas las tonalidades es igual al que se utiliza en la práctica de las escalas, es decir, siguiendo un incremento gradual de alteraciones en teclas negras: do, sol (1#), re (2#), la (3#), etc.

(*Ventaja adicional:* Esta práctica facilita el reconocimiento de los acordes en todas las tonalidades, así como sus desplazamientos más frecuentes (círculo de quintas), facilitando el uso de los elementos fundamentales con que opera la Armonía Tonal Moderna).

a) I II III IV V VI VII

b) II V I

c) III VI II V I

d) IV VII III VI II V I

Made in the USA
Middletown, DE
13 December 2019